Développer sa visibilité sur Internet pour trouver un emploi

Groupe Eyrolles
61, bd Saint-Germain
75240 Paris Cedex 05
www.editions-eyrolles.com

Patrice de Broissia
Laëtitia Ferrer

Développer sa visibilité sur Internet pour trouver un emploi

EYROLLES

Merci à tous ceux qui nous ont accompagnés dans cette aventure professionnelle : Julie Diversy et Sylvie Petit pour leur active participation, Patrick Duncombe pour son talent d'orchestration et Chafia Ouali pour sa contribution.

Merci à Sylvie Baudrillart et Isabelle Mounier Kuhn pour la pertinence de leurs réflexions, à Isabelle A. Sophie, Michèle, Bertrand, Claude et Jerry pour leurs ondes positives, et à Isabelle Serfaty-Bloch, « net angel gardien ».

Et enfin un grand merci à Éric Beaudouin, brillante étincelle de ce projet.

Sommaire

■ ■ ■

Partie 1

Trouver le bon positionnement

Chapitre 1

Chapitre 2

Chapitre 3

Chapitre 4

Partie 2

Utiliser des outils adaptés à ses objectifs

Chapitre 5

Chapitre 6

Chapitre 7

Introduction

Bienvenue dans le 2.0, en attendant la suite…

À l'heure actuelle, un quart de la population mondiale est inter-connecté, Facebook tutoie le milliard d'utilisateurs actifs. Chaque seconde, ce sont 510 000 commentaires qui y sont déposés soit 16 083 360 000 000 par an (16 000 milliards de messages…), et dans l'Hexagone, plus de 24 millions de Français sont déjà abonnés à ce réseau social.

Facebook, une exception ? Twitter compte près de 600 millions d'abonnés. Un milliard de tweets s'échange chaque semaine. LinkedIn affiche aujourd'hui 150 millions de membres qui ont fait 4,2 milliards de recherches à caractère professionnel sur le site en 2011. 45 millions d'internautes ont choisi Viadeo.

Chaque seconde ce sont près de 100 000 recherches qui sont faites sur le moteur de recherche Google par les internautes. Début 2012, cela représentait 3 150 milliards de requêtes Google par an…

Un site permet de suivre l'évolution de ces chiffres en temps réel : *http://www.planetoscope.com/developpement-durable/Internet-*.

Dès sa version première, dite 1.0, Internet a bouleversé l'accès à l'information et s'est joué des frontières. Un ordinateur, un accès en ligne et quelques clics suffisent pour accéder à tous les contenus disponibles sur la planète sur tous les sujets qui nous intéressent. La connaissance n'est plus la panacée d'une caste de privilégiés, mais la source à laquelle toute personne techniquement équipée peut s'abreuver. Internet devient une vitrine internationale. S'il le souhaite, le commerçant de quartier n'a plus seulement pignon sur rue, mais sur le monde entier…

Grâce à une évolution de la technologie qui met à la portée du néophyte les interfaces de navigation, et autorise l'exploitation de données en temps réel, le Web 2.0 ouvre tout un monde d'interactions : l'individu peut lire, produire, échanger, commenter.

Textes, photos, sons, vidéos, sont autant de modes d'expression à sa portée. Il n'est plus un simple spectateur, mais un auteur, un acteur, un metteur en scène… Le 2.0 accroît la capacité de savoir, de partager, d'interagir… dans une dynamique de générosité et de transparence au service de l'intelligence collective. Un vrai big-bang de l'interaction où chacun peut être contributeur dans son univers de référence… Une scène planétaire pour l'internaute qui veut se mettre sous les feux des projecteurs… Une mémoire titanesque qui favorise le regard porté sur l'autre…

Et paradoxalement, ce concept mondial évolue dans une dynamique tribale, une approche de type « place du village », où les affinités, les sensibilités et les communautés s'affichent.

Un Web évolutif

Le Web 1.0, encore appelé Web traditionnel, est avant tout un Web statique, centré sur la distribution d'informations. Il permet d'accéder à une multitude de sites orientés produits, qui sollicitent peu l'intervention des utilisateurs. La nouvelle façon dont les développeurs de logiciels et les consommateurs commencent à utiliser le *World Wide Web* au début des années 2000 donne naissance au Web 2.0. Ce « Web social » change totalement de perspective. Il privilégie la dimension de partage et d'échange d'informations et de contenus (textes, vidéos, images ou autres) entre internautes, c'est un espace de socialisation. Certains spécialistes le considèrent comme la plateforme à l'origine de l'émergence des médias sociaux. Des consommateurs se regroupent pour interagir autour d'intérêts communs plus ou moins étroits. Ainsi le contenu et les applications ne sont plus créés et publiés par des individus, mais plutôt modifiés continuellement par tous les utilisateurs dans un mode participatif et collaboratif. Or les médias sociaux peuvent être exploités de diverses manières et dans l'intention de répondre à différents objectifs. Ce ne sont plus seulement les consommateurs qui participent aux médias sociaux dans le seul but de partager de l'information avec leur entourage, mais aussi les entreprises qui l'utilisent pour entrer en contact avec le public et collecter de l'information. Bref, les médias sociaux sont un moyen de communication moderne, et ce, tant pour les marques que les consommateurs.

Le Web 3.0, aussi nommé Web sémantique, vise à organiser la masse d'informations disponibles en fonction du contexte et des besoins de chaque utilisateur, en tenant compte de sa localisation, de ses préférences, etc. C'est un Web qui tente de donner sens aux données. C'est aussi un Web plus portable et qui fait de plus en plus le lien entre monde réel et monde virtuel. Il répond aux besoins d'utilisateurs mobiles, toujours connectés à travers une multitude de supports et d'applications malignes ou ludiques.

Le Web 4.0, évoqué par certains comme le Web intelligent, effraie autant qu'il fascine, puisqu'il vise à immerger l'individu dans un environnement (Web) de plus en plus prégnant. Il pousse à son paroxysme la voie de la personnalisation ouverte par le Web 3.0 mais il pose par la même occasion de nombreuses questions quant à la protection de la vie privée, au contrôle des données, etc. C'est un terrain d'expérimentation où tous ne sont pas (encore) prêts à s'aventurer !

La mobilité professionnelle gagne du terrain

Parallèlement à cette déferlante Internet, une autre tendance d'ampleur est à observer, celle de la mobilité professionnelle.

Selon un sondage publié par Monster.fr en décembre 2009, 90 % des salariés français souhaitent changer d'emploi (89 % au niveau mondial). Ces résultats corroborent une enquête TNS Sofres publiée la même année qui indiquait que 46 % des salariés de plus de 30 ans ont connu une mobilité professionnelle ces cinq dernières années. Celle-ci peut être liée à une promotion (34 %), elle peut être contrainte par l'employeur (28 %) ou voulue par le salarié (30 %).

En février 2010, un sondage IFOP confirme la tendance observée et nous avertit que la mobilité professionnelle est devenue une donnée majeure du marché du travail : 23 % des salariés et 27 % des cadres ont été contraints de changer de métier ou de région durant les cinq dernières années. Et la tendance va s'accélérant ! Enfin, plus récemment, le panorama des mobilités professionnelles des cadres APEC 2012 précise que « les deux tiers des cadres envisagent une mobilité dans les trois années à venir. Plus précisément, 40 % des cadres en poste envisagent de changer d'entreprise ou d'en créer une. Aussi, 44 % envisagent de changer de poste dans leur entreprise. Ces deux souhaits sont par ailleurs concomitants pour 20 % des cadres. Au total, les deux tiers des cadres envisagent une mobilité professionnelle dans les trois années à venir ».

Bien qu'à nuancer, cette tendance évolutive se confirme en temps de crise économique où l'on observe des comportements sécuritaires de la part des salariés mais également des départs contraints par l'augmentation des plans sociaux. Ceci dit, que l'on soit primo-accédant au marché de l'emploi, cadre ayant une première expérience professionnelle ou expert, collaborateur, manager ou dirigeant, nous sommes potentiellement tous concernés par la mobilité professionnelle.

Et Internet bouleverse la donne

Et maintenant si l'on établit un rapprochement entre le développement spectaculaire d'Internet et la mobilité professionnelle, on observe logiquement une « foultitude » d'outils au service de celui qui veut trouver un travail ou bien en changer.

Il existe plus de deux cents *jobboards* en France, généralistes (par exemple, Monster, Cadremploi...) ou spécialisés par secteur (exemple jobtech.fr le site 100 % technique et ingénierie).

« L'expression *jobboard* désigne le modèle de site emploi qui s'est développé aux États-Unis au milieu des années quatre-vingt-dix, et, par extension, tous les services actuels de ce type.

La traduction littérale, "panneau emploi", exprime bien l'idée initiale : il s'agissait simplement d'offrir sur Internet des listes d'offres mises à jour en temps quasi réel » (*source : http://erecrutement.wordpress.com/*).

Après les *jobboards*, sont apparus les métamoteurs – logiciels ultra-puissants qui balaient les sites qui proposent des offres d'emploi. Aujourd'hui le site Indeed met des millions d'offres d'emploi en provenance de milliers de sites d'emploi, de recruteurs et d'entreprises, à la disposition de ceux qui recherchent un emploi.

Et puis vinrent les réseaux sociaux. Il y en a aujourd'hui plus de deux cents et leur popularité ne fait qu'augmenter (*source : http:// controverses.ensmp.fr*).

Mais concentrons-nous sur des acteurs majeurs du *social networking* : Facebook, LinkedIn, Viadeo, et autres Twitter…

Ces principaux réseaux socioprofessionnels sont investis par des personnes en quête d'un emploi et ils l'ont bien compris puisqu'au-delà de la mise en relation de personnes qui constitue leur genèse, ils intègrent des fonctionnalités spécifiques d'offre et de recherche d'emploi. Certains comme QAPA avancent même l'idée de s'affranchir du CV pour privilégier la mise en relation « si affinités ». Uponjob, quant à lui, propose aussi un recrutement différent : pas de CV mais des challenges ! Un nouveau concept qui permet aux candidats de mettre en valeur leurs savoir-faire et savoir-être dans le cadre de mises en situations sous forme de cinq questions concrètes en prise directe avec le poste à pourvoir dans l'entreprise émettrice. On le constate, l'imagination n'est pas en reste et voit même l'émergence de combinaisons originales comme Oh my Job, un site 1.0 encapsulé dans l'environnement 2.0 qu'est Facebook. Et les CVthèques *online* de type Doyoubuzz ont également la part belle.

Un enjeu : rester visible, et plus si affinités

De fait, on observe une forte évolution des « outils » de la mobilité professionnelle et ce n'est certainement pas terminé ! S'agit-il d'un effet de mode, d'une simple surenchère de gadgets qui veulent détrôner la loi classique de l'offre et de la demande d'emploi ? Nous pourrions être tentés de le croire à la vue d'une telle profusion.

Mais force est de constater que le Web offre ainsi une fantastique vitrine d'expression et d'interaction à chacun. La tendance révèle que nous sommes bien à l'aube d'une nouvelle ère de la mobilité professionnelle… Celle de la visibilité où chacun va devoir se positionner clairement, car la contrepartie de l'exposition, c'est la transparence et donc la cohérence ! Et celle de l'interaction avec son environnement professionnel qui va jusqu'à permettre de s'affranchir du CV et de la lettre de motivation pour mettre en œuvre une véritable stratégie d'influence auprès de son environnement professionnel.

Comment aborder toutes ces évolutions ?

L'ambition de cet ouvrage est d'éclairer le lecteur sur cette véritable aventure professionnelle qui se vit avec Internet, afin de nourrir sa réflexion. Force est de constater que les possibilités offertes par le Web 2.0 en matière de recherche d'emploi et de gestion de carrière bien que très riches, restent largement sous-utilisées, dans la connaissance et la maîtrise des outils existants, dans leur articulation et plus encore dans tout le potentiel qu'ils offrent.

L'étude Adecco « Trouver un emploi *via* les réseaux sociaux » de septembre 2012 révèle que 72 % des sondés n'utilisent pas les réseaux sociaux dans leur recherche d'emploi.

Et pour ceux qui ont recours à Internet, la tentation est grande d'utiliser Internet et tous ses outils de façon très ponctuelle, que ce soit en ouvrant une page personnelle sur un réseau social « parce qu'il faut y être » ou simplement en mettant son CV en ligne sans l'avoir adapté au média Internet. C'est relativement facile, rapide. Est-ce pour autant efficace ou cela ne risque-t-il pas d'être contre-productif, voire nuisible ? Le Web 2.0 peut en effet se révéler ambivalent, il convient donc d'en connaître les bonnes pratiques pour éviter les déconvenues et au contraire profiter à plein de ses potentialités.

Il existe plusieurs façons d'utiliser Internet au service de son objectif professionnel à court, moyen ou plus long terme : le propos ici est d'aider le lecteur à le faire en toute connaissance de cause, en exprimant un positionnement clair, cohérent et parfaitement identifiable, et en utilisant les outils les mieux adaptés aux objectifs assignés.

Nous proposons de définir la stratégie à adopter à travers le prisme de profils spécifiques, de véritables « sociostyles » comportementaux, car il n'existe pas un modèle unique de personne en situation de mobilité professionnelle. Chacun pourra repérer son propre style et comprendre les attitudes et comportements qui en découlent.

L'analyse constructive de chaque style nous permettra de présenter une dynamique vertueuse, afin que chacun puisse agir en véritable « stratège » au service de son positionnement professionnel et, par une bonne utilisation des outils du Web, susciter durablement l'envie d'être rencontré par les recruteurs.

Partie 1

Trouver le bon positionnement

Si la bonne attitude du demandeur d'emploi consistait jusqu'alors à peaufiner un CV attractif et à rédiger des lettres de motivation suffisamment convaincantes pour susciter l'attention des recruteurs, la dynamique du Web collaboratif a véritablement bouleversé les règles.

Avec Internet et notamment avec le développement des réseaux sociaux, chacun dispose d'une vitrine médiatique pour s'exprimer à titre professionnel et ainsi s'exposer aux yeux de tous. Cette libre expression s'exerce indépendamment de toute offre d'emploi et n'est donc pas « formatée » en fonction de ladite offre. La démarche passe ainsi d'un mode réactif – en réponse à une offre d'emploi – à une dynamique proactive – par l'expression libre de son positionnement !

Mais la liberté a un prix, celui de l'excellence !

Dans un premier chapitre de cette partie, nous vous proposerons de « remonter à la source de l'excellence » et d'identifier la meilleure posture à adopter, selon le profil et les attentes de chacun. Nous verrons ensemble qu'une bonne posture professionnelle ne se développe pas depuis Internet et pour Internet, mais avec Internet et au service du « terrain », car c'est bien au contact physique de son environnement professionnel que la mobilité s'exerce. Internet vient en appui pour jouer à la fois un rôle de catalyseur, de promoteur et de démultiplicateur.

Pour qu'Internet remplisse son rôle à plein, il faut donc être « remarquable », c'est-à-dire se faire remarquer positivement par un recruteur. Pour cela, il est nécessaire de bien connaître sa plus-value professionnelle et de l'exprimer de façon convaincante, avec ses mots et sa personnalité. Le *personal branding* prend ici toute sa mesure et permet de favoriser une « bonne » réputation professionnelle qui s'étendra jusque sur la Toile, ce que nous aborderons dans un deuxième et un troisième chapitres.

Et comme Internet peut avoir tendance à désorganiser son rapport au temps, voire parfois même à le chambouler quitte à mettre en péril l'objectif assigné en amont, nous réfléchirons dans le quatrième chapitre à la meilleure façon de développer une bonne occupation de son temps de mobilité professionnelle.

La bonne attitude finalement, c'est avant tout d'en prendre conscience et de bien se préparer avant de s'exposer ! Le premier bon réflexe est donc de commencer par fermer son ordinateur pour y réfléchir.

Identifier son profil

Existe-t-il un ou plusieurs profils de personnes en situation de mobilité professionnelle ?

Si l'on se réfère à la seule notion de demandeur d'emploi, tout laisserait à penser que le modèle est unique, qu'il n'y a pas plus semblable que deux personnes qui recherchent un emploi ; qu'elles sont à mettre dans la même catégorie, celle du « chômeur », avec comme uniques signes distinctifs des métiers et secteurs d'activité qui diffèrent. Tous ceux qui bénéficient de cette appellation recherchent du travail, tous peaufinent CV et lettres de motivation, et tous doivent assurer des entretiens de recrutement. Enfin, tous ou presque sont considérés comme dépendant du bon vouloir des recruteurs.

Même si le portrait-robot persiste dans les mentalités, le trait n'est pas si simple et les profils sont variés, surtout depuis l'émergence du Web.

Première question : quels sont les différents profils des personnes en situation de mobilité professionnelle, et donc les différentes façons d'utiliser Internet au service de leur carrière professionnelle ?

Auparavant, il fallait répondre à une offre d'emploi en fonction de ses diplômes et de ses expériences, avec un CV et une lettre de motivation formatés. Aujourd'hui la donne a changé. À l'heure du Web collaboratif, il ne suffit plus de connaître le mode d'emploi, il faut donner envie au recruteur potentiel de provoquer une rencontre.

Peut-on le faire de façon purement ponctuelle ou bien faut-il avoir une approche plus durable où l'on cherche à créer de véritables liens avec son e-écosystème ?

> ## E-écosystème ou écosystème digital
>
> Ensemble dynamique, adaptatif et ouvert composé de sites Web, de bannières publicitaires, de réseaux sociaux, de moteurs de recherche, de vidéos, de sons, d'images, de courriels et de personnes qui évoluent et interagissent avec des propriétés d'auto-organisation.

D'où cette deuxième question : faut-il se contenter de « suivre les consignes » pour retrouver un emploi ou doit-on s'inscrire dans une dynamique de séduction et donc d'interaction avec son environnement professionnel ? Et dans l'affirmative, le Web 2.0 est-il le seul théâtre où doit s'exprimer cette interaction ?

Comme la bonne attitude sur Internet peut aussi se jouer dans la durée, d'autant que les positions sont de moins en moins définitivement acquises, Internet ne va-t-il pas imposer le fait de se construire une identité numérique, actualisant ainsi son profil professionnel tout au long de sa carrière, véritable « passeport » virtuel pour passer d'un poste à un autre, d'une entreprise à une autre ?

D'où cette troisième question : comment construire et optimiser durablement son positionnement professionnel ?

> ## Projet professionnel
> ## ou positionnement professionnel ?
>
> Nous proposons par convention de parler de « projet professionnel » dans le cadre d'une mobilité professionnelle avérée (la personne fait acte effectif de recherche d'emploi et exprime son projet comme une « offre de services » qu'elle propose aux cibles qu'elle vise).
>
> .../...

Nous préférons l'appellation de « positionnement professionnel » lorsqu'il s'agit moins d'une offre de service que de l'expression pure et simple de son profil professionnel. Ainsi, le terme de « positionnement professionnel » sera mieux adapté pour une personne qui n'est pas en situation effective de recherche.

La différence entre ces deux appellations se lira essentiellement dans les mots que l'on choisira.

Choisir la bonne approche, « question de style »

Il existe plusieurs façons d'aborder le marché professionnel et nous proposons ici de les distinguer à travers deux principaux modes d'action que nous qualifierons respectivement d'« utilitaire » et d'« affinitaire ».

La première approche, dite utilitaire, est régie par la loi de l'offre et de la demande. L'entreprise publie des offres d'emploi et le postulant fait acte de candidature. La dynamique utilitaire répond à un besoin immédiat de part et d'autre.

Seulement les besoins des entreprises ne sont pas toujours aboutis, formalisés, et les temps de maturation menant à la rédaction d'une offre d'emploi peuvent se prolonger.

De son côté, et avant toute prise de position, le candidat peut explorer un environnement professionnel pour comprendre un marché, son actualité, et vérifier la bonne adéquation entre les attentes du marché et les compétences qu'il possède.

On parlera alors de dynamique affinitaire.

Quelle est la meilleure approche ? Cela dépend certainement de la fluidité du marché de l'emploi et du profil de chaque candidat, mais gageons qu'une habile combinaison de ces deux modes d'action reste la meilleure stratégie à adopter. Elle sera plus utilitaire dans certains cas et pour certains profils, et plus affinitaire pour d'autres configurations.

Utilitaire ou affinitaire ?

L'utilitaire répond à un besoin immédiat, nourri par la loi de l'offre et de la demande.

Du côté de l'individu : demande d'embauche correspondant généralement à la dernière expérience vécue.

Et de l'entreprise : offre de postes, de missions, de stage.

L'affinitaire se nourrit d'une exploration d'un environnement professionnel pour optimiser le couple Offre de compétences/besoin d'un marché dans une dynamique évolutive.

Du côté de l'individu : analyse de l'actualité d'un marché/secteur, de son évolution, de ses potentiels en vue d'apporter une réponse adaptée en termes de compétences.

Et de l'entreprise : rencontre de personnes qui peuvent faciliter la réflexion, l'organisation, le développement de nouvelles perspectives...

■ Un parti pris dès le départ

Internet, les réseaux sociaux, les médias sociaux ne répondent pas à la même logique que les outils historiquement utilisés dans la recherche d'emploi. Ils offrent un champ des possibles beaucoup plus vaste que le simple envoi d'un CV accompagné d'une lettre de motivation.

Affinitaires par destination, ils permettent d'inscrire une démarche dans le temps, c'est-à-dire en créant des liens en interaction avec son environnement : développement de réseaux, partage d'informations, appartenance à des groupes thématiques, co-développement, investigation…

Or nombreux sont ceux qui investissent ces outils collaboratifs de façon purement utilitaire, pour répondre à un besoin immédiat « faire du *business*, trouver un emploi ou bien un profil correspondant à un poste à pourvoir, faire parler de soi de façon très opportune », ou simplement parce qu'il faut y être…

Et les réseaux sociaux ne s'y sont pas trompés, puisqu'ils développent notamment des espaces d'offres et de demandes d'emploi.

Alors quelle approche adopter ? Quelle est la stratégie gagnante ?

Et si cela se jouait avant même d'investir Internet…

Notre expérience de la transition de carrière nous amène à observer des postures distinctes face à la mobilité professionnelle.

■ Tout est question de posture

Nous proposons de les décrire à travers quatre profils comportementaux. Chacun de ces profils exprime la disposition dans laquelle on se trouve face à l'enjeu et a un impact direct sur toute la mise en œuvre d'une mobilité professionnelle.

Car selon la situation de chacun, en poste ou bien en recherche active, selon son état d'esprit, voire son état d'urgence, selon le secteur et le métier visés, selon la conjoncture économique… le profil comportemental varie d'un individu à l'autre, peut être adapté ou non ; la performance est au rendez-vous… ou bien ne l'est pas !

Nous observons deux situations possibles : la veille ou la recherche active.

Veille ou recherche active ?

La personne en veille est en poste mais peut, pour des raisons diverses, avoir envie d'un changement professionnel et de quitter l'entreprise où elle se trouve, ou bien se tenir prête à saisir une opportunité qui s'inscrit dans une dynamique professionnelle évolutive.

La personne en recherche active n'est pas ou plus en poste et souhaite se repositionner rapidement.

Cela nous donne l'axe des abscisses suivant :

Veille____Recherche active

Nous proposons maintenant de fixer une ligne d'ordonnées : qui décrit la démarche face à la mobilité professionnelle, en reprenant les notions d'approche utilitaire ou affinitaire décrites précédemment.

La constitution de l'axe abscisses/ordonnées aboutit à quatre profils distincts.

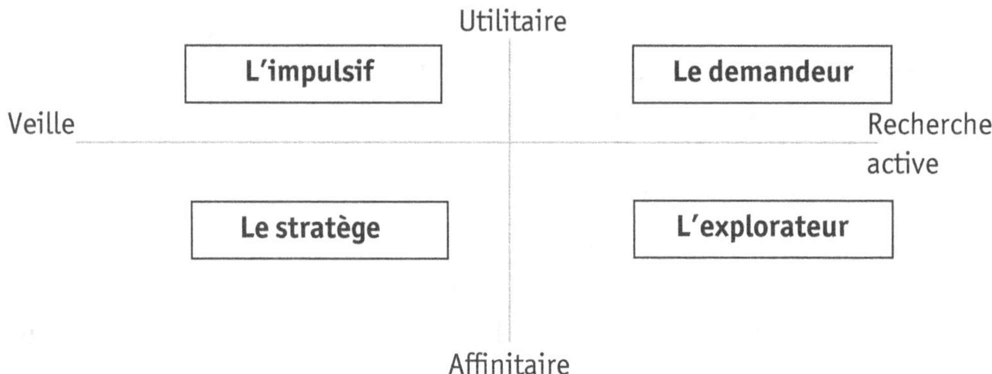

Partons maintenant à la découverte de chacun de ces « profils »...

L'Impulsif ou « le changement, c'est maintenant ou plus tard ! »

Son portrait-robot : l'Impulsif est en poste, mais en passe de changement. Plusieurs raisons peuvent le conduire à se mettre à l'écoute du marché : il s'ennuie dans son travail, n'a pas de réelles perspectives d'évolution, ne se considère plus en phase avec sa hiérarchie, estime pouvoir gagner plus : sa dynamique d'action est irrégulière, épisodique et sans réelle méthodologie. L'Impulsif agit alors par « à-coups », vit au fil du temps et de ses humeurs, avec une sensibilité forte à certains éléments déclencheurs qui lui rappellent le besoin de changement :

- un différend avec sa hiérarchie, un changement de périmètre d'activité survient ;
- une nouvelle recrue occupe un espace qu'il estimait lui être dévolu...

Une mobilité pour cause de déménagement sera plus apparentée aux profils « en recherche active », éclipsant dans ce cas de figure la description faite pour l'Impulsif.

Sa motivation principale : « partir de... » ; son objectif principal étant de quitter la structure qui l'emploie actuellement.

Son rapport au temps... : évolutif ; il peut décider de brusquer le temps selon les situations qu'il vit au quotidien, ou bien de le laisser s'écouler.

Ses « plus »... : il prend conscience de la nécessité de changement.

Ses points de vigilance : il montre généralement peu de motivation dans son travail actuel (tendance à « lever de pied » qui peut lui jouer des tours).

Son comportement Web : peu sensible à son e-réputation, il est inscrit sur les réseaux sociaux professionnels avec une présentation parfois sommaire car inachevée. Il utilise les comparateurs de rémunération, s'inscrit sur les *jobboards* en mode anonyme, crée des alertes e-mails sur sa messagerie privée, ne définit pas spontanément son *personal branding*.

Notre recommandation globale

Plutôt que de « partir de... » mieux vaut réfléchir au « aller vers... » et, pour cela, définir un projet professionnel en adéquation avec ses aspirations personnelles et professionnelles.

Ne pas se priver de l'aide d'un cabinet conseil en évolution professionnelle (coaching, bilan de compétences...) pour définir une stratégie d'action, l'organiser et la planifier dans le temps. Exploiter le temps dont il dispose à son poste actuel pour organiser ses réseaux.

Notre recommandation spécifique Web

- Réfléchir à son positionnement professionnel.
- Définir une stratégie Web en amont.
- Créer des alertes sur les différents *jobboards*.
- Créer un profil sur les réseaux sociaux pertinents (généralistes et spécialisés).
- Formaliser son *pitch* qui alimentera sa présentation (on le retrouvera notamment dans la partie résumé des réseaux sociaux).
- Définir les mots-clés liés à ses compétences, son secteur, son poste.
- Participer activement aux groupes de discussion.
- Solliciter des recommandations.
- Développer son réseau relationnel de façon qualitative en intégrant ses mots-clés dans le message de mise en relation.

.../...

- Utiliser les réseaux et médias sociaux pour faire de la veille sur son secteur d'activité.
- Créer des alertes Google pour suivre les entreprises que l'on souhaite potentiellement cibler.

Pierre M., responsable de communication interne dans une grande entreprise de services, estime être un vrai professionnel dans son domaine d'activité. Arrive un nouveau directeur de la Communication. Malgré une réelle marge de manœuvre qui lui est laissée, Pierre ne supporte pas d'être « chapeauté » par quelqu'un qu'il estime être moins expert que lui « sur l'interne ». Il estime alors ne pas être reconnu à sa juste valeur et s'inscrit sur les jobboards puis crée une alerte sur des postes de communication interne et affine son profil sur LinkedIn.

Il est rapidement contacté par un recruteur, puis écarté dès le premier rendez-vous. Pierre ne sait pas vraiment exprimer son projet professionnel. Lorsqu'il est interrogé sur le sujet, il exprime essentiellement une volonté de quitter une structure qui ne lui permet pas de s'épanouir comme il le souhaite.

Il aurait été intéressant qu'il réfléchisse, au préalable, à son positionnement et au projet à présenter à ses nouveaux interlocuteurs.

Le Demandeur ou « le travail, c'est ma santé ! »

Son portrait-robot : le Demandeur a quitté son emploi contre sa volonté (plan social, licenciement individuel, période d'essai qui ne s'est pas concrétisée…).

Il recherche un job correspondant généralement à sa dernière expérience professionnelle (idéalement même secteur/même poste).

Il passe beaucoup de temps derrière son ordinateur, à l'affût d'une offre d'emploi qui lui correspondrait. Il envoie des candidatures spontanées en mode « industriel ».

Lorsqu'il les sollicite, il a tendance à demander à ses réseaux personnels et professionnels de l'aider à retrouver un emploi et n'hésite pas à distribuer son CV.

En entretien de recrutement, il se met en posture basse, cherchant avant tout à « faire l'affaire ».

Il commente son secteur/métier en regard de son expérience passée. Il témoigne d'une motivation parfois feinte, d'une offre à l'autre, d'une entreprise à l'autre… Il est prêt à faire des concessions de salaire, pourvu qu'il retrouve du travail.

Globalement, il est plutôt centré sur lui-même et parle de ses attentes, de ses expériences, de ses compétences…

Sa motivation principale… : retrouver un emploi le plus rapidement possible, sur un poste et dans un environnement correspondant idéalement à ce qu'il a connu.

Son rapport au temps… : il est centré sur le passé, celui de la « belle époque » où il vivait dans un environnement privilégié en termes d'intérêt et de sécurité professionnels. Et son regard est porté sur son rétroviseur professionnel. Ce passé met en exergue le présent, celui de la recherche qui est pour lui une véritable épreuve : trop de temps personnel, pas assez d'occupation professionnelle. Lorsqu'il est sollicité, il est disponible sur demande. L'épreuve du temps qui passe engendre des humeurs cyclothymiques, à la hausse lorsqu'il a des entretiens de recrutement, et à la baisse si le marché ne répond pas.

Ses plus… : généralement très actif dans sa démarche. Lorsqu'il est accompagné par un conseil en *outplacement* ; il est bien préparé et peut s'exprimer facilement face à un recruteur ; il sait se présenter, parler de lui, de ses compétences et de ses expériences professionnelles. Il est bien entraîné aux questions qu'on peut lui poser, connaît ses qualités et ses défauts. Bref, son discours est bien rodé et il sait l'adapter d'une offre à l'autre ! Il semble réellement motivé en entretien.

Ses points de vigilance… : s'il n'est pas conseillé par un professionnel de la transition de carrière, il peut manquer de préparation. Son discours n'est alors ni réfléchi, ni structuré, ni, de fait, convaincant. Attention à la spirale de l'échec qui l'amènerait à incriminer son CV lorsqu'il a du mal à obtenir des entretiens, ce qui l'inciterait à le faire et le refaire sur les conseils avisés de tous ceux qui ont de très bonnes idées sur le sujet, et il y en a !… Lorsqu'il est accompagné par un cabinet conseil, l'excès de préparation pourrait donner de lui l'image un peu robotisée de celui qui répond au quart de tour aux questions posées… Une posture parfois mécanique peut nuire à une motivation, elle-même parfois excessive, ce qui pourrait amener le recruteur à douter…

Son comportement Web : sur Internet, il crée des comptes sur les *jobboards* et des alertes. Il complète son profil sur les réseaux sociaux qu'il exploite massivement (LinkedIn, Viadeo…) mais sans réelle stratégie d'action. Il complète son profil en mode CV et n'utilise pas ou peu la partie descriptive de son profil (exemple sur LinkedIn : rubrique « Expérience détaillée » – résumé pauvre ou non « storytellé »).

Il n'est généralement pas inscrit à des groupes de discussion en rapport avec son environnement secteur/métier. En cas d'inscription à un groupe, il n'y participe pas ou rarement. Lorsqu'il a un abonnement Twitter, ce qui est rare, il l'exploite en mode recherche d'emploi (*follower* de profils entreprises ou intermédiaires de l'emploi).

Notre recommandation globale

Avant de démarrer sa recherche, prendre le temps de la réflexion pour construire son offre professionnelle. Celle-ci tiendra compte des compétences développées tout au long du parcours, de ce qui a été mis en œuvre et réussi, de ce à quoi il aspire, et de la réalité du marché. Le demandeur sera prêt à se porter sur le marché du travail lorsqu'il saura répondre à cinq questions fondamentales : qui je suis, d'où je viens et pourquoi j'ai quitté mon dernier job, ce que je sais faire, ce que je veux faire, l'intérêt particulier de mon profil.

Une fois son projet de repositionnement professionnel établi, bâtir une stratégie de recherche « proactive » pour approcher ses cibles – sans donner une part exclusive au mode réactif (consultation des offres d'emploi). Il est important que le demandeur sache quitter l'écran de son ordinateur pour se mettre en interaction avec son environnement professionnel (lecture de la presse spécialisée, salons professionnels, contacts et échanges avec ses « réseaux » en mode virtuel et réel, personnel et professionnel…). D'une façon générale, développer une stratégie d'initiative et d'action pour éviter d'être tributaire des offres d'emploi.

Notre recommandation spécifique Web

- Avant toute action de visibilité sur le Web, réfléchir à son positionnement professionnel dans le cadre d'un travail de bilan sur sa carrière et définir précisément son projet en exprimant clairement son offre de services, le(s) marché(s) et les cibles visées.
- Donner du sens à sa présence sur le Web et, notamment, définir une stratégie d'action et de visibilité : quel message, quelles cibles, quelles attentes des réseaux sociaux professionnels (RSP), quels modes d'utilisation… ?
- Identifier et définir les mots-clés correspondants à ses compétences, au(x) secteur(s) d'activité visé(s) et au(x) poste(s) que l'on recherche (par exemple, management, marketing, grande consommation, chef de produit) et les mots-clés connexes. Ces mots-clés constituent la fondation de son identité digitale professionnelle et participent à la définition des différents messages à diffuser sur Internet.
- Créer un profil sur les réseaux sociaux pertinents (généralistes et spécialisés).
- Formaliser son *pitch* qui alimentera sa présentation (partie résumé des réseaux sociaux).
- S'inscrire à des groupes de discussions liés à son environnement professionnel (secteur, métier), et y participer s'il a des avis pertinents à donner.
- Ne pas occulter de mettre des mots-clés dans son résumé de carrière, pour émerger dans le cas de recherches par mots-clés effectuées par des tiers.
- Savoir être réactif lorsqu'une personne consulte son profil, en lui adressant un message du type : « Vous avez récemment consulté mon profil. Que puis-je faire pour vous ? Bien sincèrement ».
- Utiliser les réseaux et média sociaux pour faire de la veille sur son secteur d'activité (un fil d'information sur Twitter s'avérera particulièrement efficace).
- S'abonner aux pages entreprises que l'on cible.
- Créer des alertes Google pour suivre les entreprises « cibles ».
- Suivre l'actualité des institutionnels de l'emploi.
- Créer un CV en ligne (par exemple, sur une plateforme de type Doyoubuzz).
- S'abonner à des flux RSS utiles à sa recherche d'emploi (par exemple, cadremploi, Apec…).

« Responsable informatique dans une SSII, je me suis retrouvé au chômage suite à un départ négocié. J'ai retrouvé rapidement un travail dans une société de conseil, après m'être inscrit sur plusieurs sites emploi, généralistes et spécialisés dans mon secteur d'activité. J'ai créé des alertes e-mails et même des flux RSS pour Cadremploi et l'Apec. J'ai également ratissé large en envoyant ma candidature spontanée à un fichier de 200 entreprises. J'ai écrit à des chasseurs de têtes. En fait, je me suis dit qu'une approche industrielle donnerait des résultats. C'est statistique. Et cela a marché. Plus vite que je ne l'imaginais d'ailleurs. Le plus dur pour moi a été de choisir entre deux postes. Aujourd'hui, je sais que j'ai fait le bon choix ».

Aurélien S.

L'Explorateur ou « la prise de contacts, c'est mon énergie ! »

Son portrait-robot : l'Explorateur mène des investigations sur les attentes de son marché professionnel pour voir comment mettre en valeur ou renforcer ses compétences pour répondre aux besoins du moment. S'il n'occulte pas une veille active sur les offres d'emploi et les candidatures spontanées très sélectives, la « prise directe » avec son environnement professionnel reste son terrain de jeu favori. Lecteur assidu de la presse professionnelle de son secteur d'activité, visiteur des salons professionnels, organisateur de rendez-vous avec les décideurs de sa sphère professionnelle, il est dans l'initiative et l'action. Le travail de réseau qu'il effectue comme une véritable étude de marché vise à comprendre l'état d'un environnement métier, d'un secteur d'activité, pour déceler les évolutions, les besoins et les potentialités de son périmètre d'investigation. Il interagit avec son environnement et n'hésite pas à utiliser les médias sociaux pour produire du contenu qualifié au bénéfice du collectif.

Son objectif est ainsi d'être pertinent face à ses interlocuteurs en apportant des réponses utiles aux attentes du marché et en adaptant au mieux ses compétences aux besoins rencontrés. Il est porteur de solutions et non demandeur d'emploi. La finalité première de son travail de réseau est d'affiner au mieux l'équation offre/demande plutôt que de rechercher prioritairement un emploi. Même s'il a rédigé son CV, la carte de visite reste son meilleur outil de travail.

Globalement, il est centré sur l'autre, l'environnement, le marché…

Sa motivation principale : « aller vers… » Ce qui, l'intéresse fondamentalement c'est de bien cerner l'état de son marché professionnel, d'en comprendre les attentes et les potentialités pour apporter une réponse pertinente à un besoin constaté.

Son rapport au temps : il vit au présent et au futur proche, pour interagir sur les marchés et créer la meilleure adéquation entre les attentes constatées et son offre de services.

Ses « plus » : un positionnement très valorisant, car il n'est pas en demande d'emploi, mais en réelle interaction avec le marché. Sa transition est particulièrement « apprenante » puisqu'il recueille et partage un grand nombre d'informations et de contacts dans sa sphère professionnelle. Autre bénéfice : il mène de nombreux entretiens, s'habitue à parler de lui, de son projet qu'il optimise au contact de la réalité du marché. Sa démarche est dynamique et motivante et ses interlocuteurs le ressentent.

Son approche réseau est particulièrement riche et intéressante pour ses contacts, car au lieu de faire valider son projet professionnel (ce qui s'avère finalement être une démarche de demande plus que d'échange), il apporte des données utiles à ses interlocuteurs en leur faisant partager les informations qu'il aura recueillies sur leur propre marché : un réel *benchmark* fort utile au professionnel en poste qui n'a pas toujours le temps de mener de telles investigations.

Last but not least, cette démarche d'investigation l'amène invariablement à se rapprocher du besoin du marché et à adapter son positionnement professionnel en conséquence, le rapprochant progressivement de son futur job.

Ses points de vigilance : garder en tête l'objectif final qui vise le repositionnement professionnel, et ne pas faire du réseau pour faire du réseau ou produire du contenu sur les médias sociaux pour produire du contenu, car à un moment donné cette démarche risquerait de s'appauvrir et de s'épuiser.

Son comportement Web 2.0 : il utilise le Web 2.0 pour optimiser ses contacts existants et potentiels, et ne néglige donc pas les demandes de mise en relation (il a facilement plus de deux cents contacts). Il est abonné à des groupes de discussion sur les thématiques professionnelles qui l'intéressent et auxquels il participe parfois (mais pas systématiquement). Il peut aussi avoir son blog ou même son site Internet, et s'il dispose d'une expertise spécifique sur le marché, faire une présentation écrite ou vidéo, rédiger un article, publier un livre blanc… Il utilise un compte Twitter qu'il entretient depuis plusieurs mois pour suivre l'actualité de son marché et garder une relation régulière avec ses interlocuteurs naturels.

Notre recommandation globale

S'ingénier à bien transposer les observations qu'il fait de son secteur d'activité en opportunités professionnelles pour lui-même : au-delà de l'écoute attentive de ses interlocuteurs, cela passe par la détection des attentes d'un marché, la traduction en termes de besoins de compétences, et la réponse qu'il apporte en termes d'offre de services, en conformité avec son positionnement professionnel. Utiliser les contenus qu'il produit en tant qu'expert pour les communiquer à son marché cible. Il est également intéressant de ne pas totalement « occulter » la dimension Demandeur, au risque de passer à côté d'éventuelles opportunités professionnelles. Lorsqu'il sera en poste, il aura intérêt à maintenir la dynamique de réseaux et de partage engagée.

Notre recommandation spécifique Web

- Avant toute action de visibilité sur le Web, réfléchir à son positionnement professionnel dans le cadre d'un travail de bilan sur sa carrière et définir précisément son projet en exprimant clairement son offre de services, le(s) marché(s) et les cibles visées.

- Donner du sens à sa présence sur le Web, et notamment définir une stratégie d'action et de visibilité : quel message, quelles cibles, quelles attentes des RSP, quels modes d'utilisation…

- Identifier et définir les mots-clés correspondants à ses compétences, au(x) secteur(s) d'activité visé(s) et au(x) poste(s) que l'on recherche (par exemple : management, marketing, grande consommation, chef de produit) et les mots-clés connexes. Ces mots-clés constituent la fondation de son identité digitale professionnelle et participent à la définition des différents messages à diffuser sur Internet.

- Créer un profil sur les réseaux sociaux pertinents (généralistes et spécialisés).

…/…

- Formaliser son *pitch* pour alimenter sa présentation (partie résumé des réseaux sociaux).

- S'inscrire à des groupes de discussions liés à son environnement professionnel (secteur, métier) et y participer si l'on a des avis pertinents à donner.

- Faire une demande de connexion après chaque rencontre réseau, accompagné d'un message intégrant le contexte de la rencontre.

- Privilégier un réseau qualitatif plus que quantitatif.

- Créer des alertes Google sur des thématiques qui ont un intérêt spécifique.

- Créer un blog professionnel consacré à ses expertises et le promouvoir sur ses différents profils.

- Solliciter des entretiens réseaux en utilisant l'actualité de son blog.

- Publier des articles correspondants à sa recherche en prenant soin d'utiliser ses mots-clés.

- Publier des présentations répondant à une problématique métier ou marché.

- Poster des articles, des vidéos apportant de la valeur à ses interlocuteurs.

- Partager son « actualité » et le fruit de sa veille à ses interlocuteurs et les publier sur ses différents profils.

- Notamment, envoyer régulièrement des mails de « veille » à ses contacts pour maintenir la relation.

- S'abonner à des flux RSS de sites/blogs correspondants à ses mots-clés pour nourrir son blog.

- Optimiser sa dynamique réseau en expliquant les raisons d'une demande de mise en relation.

- Relancer les personnes « utiles » qui ont consulté son profil en leur adressant un message spécifique (voir les recommandations faites au style « Demandeur »).

- Ne pas occulter cependant l'exploitation du Web en mode « demandeur », quitte à travailler en mode « anonyme » sur les *jobboards*, avec création d'alertes.

- Garder une parfaite cohérence sur tous ses profils et prises de parole sur le Web

- Surveiller son e-réputation.

« Je n'ai vraiment pas l'impression d'être un chômeur ! D'ailleurs vous savez, un jour chômé en entreprise, c'est un jour férié… On ne travaille pas ! C'est vacances ! Donc appeler "chômeur" une personne en recherche d'emploi, c'est un drôle de discours de la part des pouvoirs publics qui vous plantent une étiquette de "feignant" dans le dos, et on s'étonne après du regard suspicieux que nous portent les personnes qui ont un travail.

Non, au-delà des mots, je vis aujourd'hui cette période de façon passionnante et cela me permet de rencontrer de nombreuses personnes, de découvrir des secteurs d'activité très attractifs et finalement d'opter pour accentuer ma recherche sur un autre secteur d'activité que celui d'où je viens. Les groupes de discussion sur LinkedIn me permettent d'échanger et d'obtenir des rendez-vous avec des personnes en poste ! Cela avance, et donc cela marchera, j'en suis certain ! »

Paul D., directeur des systèmes d'information.

« Lorsque j'ai découvert qu'il y avait une autre façon de mener sa recherche d'emploi, non plus en attendant fébrilement qu'une annonce paraisse pour y répondre, mais en allant au-devant de mes contacts en privilégiant l'échange et l'écoute, les salons professionnels et le terrain, ma vie de "chercheuse d'emploi" a changé.

Avant, j'espérais faire partie de ceux qui auraient la chance d'être contactés pour un entretien… Je parle de chance car vu le nombre de candidatures pour une offre d'emploi… environ quatre cents en moyenne je crois, il y a de fait statistique une réelle part de loterie.

Avant, j'attendais, je refaisais mon CV lui imputant tous les torts, puis je vociférais contre la mauvaise conjoncture, me donnant ainsi bonne conscience, et enfin je finissais par ne plus croire en moi…

Et puis cette dynamique de terrain m'a redonné confiance. Mieux encore elle s'est avérée passionnante car j'ai réellement pu capitaliser sur toutes les informations que je recueillais pour actualiser mon profil professionnel. Et quand je rentrais chez moi le soir, fatiguée mais heureuse de ma journée, mon époux me trouvait rayonnante, certes en attente d'une concrétisation professionnelle, mais rayonnante. Aujourd'hui, j'ai retrouvé un emploi de directrice marketing, et je le dois bien à toutes les rencontres que j'ai faites, et certainement aussi à ma façon d'utiliser les réseaux sociaux en appui de mes investigations. »

Clémence G.

« Dans le prolongement de mes entretiens réseau, J'ai publié un article dans "Le Cercle Les Échos", en réponse aux interrogations et aux attentes des personnes que j'ai rencontrées, et je leur ai adressé. Résultat, 2 800 lectures de mon article sur le site et de nombreux rendez-vous à la clé ! C'est vraiment une autre façon de rechercher du travail ! »

Louis L., directeur des ressources humaines.

Le Stratège ou « ma vision, c'est grand angle »

Son portrait-robot : le Stratège attache une importance particulière à son positionnement professionnel qui le rend parfaitement identifiable dans son environnement. L'expression de sa carrière fait sens, même si à l'origine celle-ci n'est pas forcément inscrite dans une logique qui va de soi. C'est un réel travail de réflexion autour de son parcours qui le conduit à présenter ses expériences professionnelles dans une véritable dynamique évolutive « chronologique ». C'est là une première famille de critère propice à le rendre plus facilement identifiable.

Deuxième famille de critères : ses connaissances et expertises, la vision qu'il a de son métier, ses prises de parole et de position, les informations qu'il communique et partage sont autant d'éléments exprimés clairement et qui concourent également à une bonne identification de la part de ses publics cible.

Enfin, les systèmes relationnels qu'il a su mettre en place et qui « renvoient » de lui une image cohérente participent au développement de son e-réputation, fondent la troisième famille de critères qui facilitent une bonne identification.

Pour simplifier, on pourrait dire que le Stratège est « visible et lisible ».

Le stratège reste particulièrement attentif à l'évolution des tendances de son marché professionnel et se tient informé en permanence de l'actualité de son environnement métier et de son secteur d'activité. Cette curiosité professionnelle lui permet de développer une réelle vision dans son domaine d'activité.

Sa motivation principale : « anticiper… » pour avoir toujours un temps professionnel d'avance.

Son rapport au temps… : « présent et futur proche et lointain ». S'il est ancré dans la réalité de son activité professionnelle, le stratège reste particulièrement attentif aux tendances et évolutions de son environnement professionnel.

Ses « plus »… : il a une forte capacité d'anticipation et se nourrit d'une dynamique professionnelle qui va au-delà des frontières de l'entreprise qui l'emploie, mais à laquelle il apporte une véritable plus-value par la vision qu'il a de son environnement. Ce positionnement professionnel qu'il exprime constitue certainement un excellent « pass entreprises » qui lui permet de mettre en action sa mobilité professionnelle de façon relativement sécurisée.

Ses points de vigilance : toujours là et souvent ailleurs, sa soif de connaissances professionnelles n'a pas de frontière, et même s'il se présente au nom et pour le compte de sa société, il n'hésite pas à jouer sa partition qui pourrait paraître un peu « solo » aux yeux d'un employeur pointilleux.

Son comportement Web : il est inscrit sur les réseaux sociaux professionnels et participe aux groupes de discussion qui correspondent aux thématiques professionnelles dont il est partie prenante et, de ce fait, n'hésite pas à prendre parole et position. Il produit en quantité et en qualité des contenus qui nourrissent l'intelligence collective, source d'innovation pour tous. Il a une attitude généreuse avec les personnes voulant faire partie de son réseau et n'occulte aucune demande de mise en relation. Il a généralement travaillé son *personal branding* en s'inspirant spontanément des articles qui paraissent sur le Web à ce sujet. Il est sensible à son e-réputation et de ce fait, observe attentivement ce que l'on dit de lui.

Notre recommandation globale

Définir une stratégie d'action, l'organiser et la planifier dans la durée. Organiser ses réseaux, entretenir et développer ses réseaux traditionnels (alumni, anciens élèves d'une école, associations professionnelles, etc.).

Il gagnerait à être plus sélectif avec les demandes de mise en relation faites par des tiers sur les réseaux sociaux. Contrairement à certaines idées reçues, la quantité n'est pas forcément un gage de qualité et de dynamisme collaboratif et peut parfois même « flouter » le positionnement professionnel initialement souhaité. Il serait également intéressant qu'il prenne le temps de la réflexion pour bien exprimer son « positionnement professionnel », sous forme de *personal branding*, en faisant appel à l'expertise d'un cabinet conseil en évolution professionnelle.

Notre recommandation spécifique Web

- Si l'on n'a pas été en recherche active – mode Explorateur au préalable : avant toute action de visibilité sur le Web, réfléchir à son positionnement professionnel dans le cadre d'un travail de bilan sur sa carrière et définir précisément son projet en exprimant clairement son offre de services, le(s) marché(s) et les cibles visés.

- Donner du sens à sa présence sur le Web, et notamment définir une stratégie d'action et de visibilité : quel message, quelles cibles, quelles attentes des réseaux socioprofessionnels, quels modes d'utilisation...

- Identifier et définir les mots-clés correspondants à ses compétences, au(x) secteur(s) d'activité suivis et les mots-clés connexes. Ces mots-clés constituent la fondation de son identité digitale professionnelle et participent à la définition des différents messages à diffuser sur Internet.

- Créer un profil sur les réseaux sociaux pertinents (généralistes et spécialisés).

- Formaliser son *pitch* qui alimentera sa présentation (partie résumé des réseaux sociaux).

- S'inscrire à des groupes de discussions liés à son environnement professionnel (secteur, métier), et y participer uniquement si l'on a des avis pertinents à donner.

- Faire une demande de connexion après chaque rencontre professionnelle établie, accompagnée d'un message intégrant le contexte de la rencontre.

- Créer des alertes Google sur des thématiques qui ont un intérêt spécifique.

- Créer un blog professionnel consacré à ses expertises et le promouvoir sur ses différents profils.

- Publier des contenus qui soutiennent son positionnement professionnel (articles, vidéo, présentations PowerPoint ou pdf répondant à une problématique métier ou marché).

- Poster des contenus apportant de la valeur à ses interlocuteurs.

- Garder une parfaite cohérence sur tous ses profils et prises de parole sur le Web.

- Surveiller son e-réputation en créant notamment une alerte Google sur son propre nom pour rester toujours au fait de ce qui se dit sur lui sur la Toile.

« Le temps d'une carrière au sein d'une même entreprise est révolu. Je l'ai vite compris quand un chasseur de têtes s'étonnait de mes vingt ans passés dans la même banque, me soupçonnant de frilosité ! Il faut savoir ce qui se passe au-delà des frontières de son entreprise, consolider un véritable réseau de contacts "professionnels". Être toujours "dedans" avec un regard "dehors". C'est pour moi une attitude "gagnant-gagnant".

"Gagnant pour soi" par le développement de son expertise professionnelle qui se nourrit de l'intelligence collective des experts de son métier. Gagnant pour soi car lorsque l'on prend la parole sur la Toile, on est "visible et reconnu" sur le marché.

Gagnant également pour son employeur, car on le nourrit de cette intelligence collective du Net, et l'on devient un meilleur professionnel, capable de plus d'innovation et de performance ! »

Alexandra D., directrice de la communication.

« Exprimer son positionnement professionnel, c'est aussi parler de soi, de ses choix, et les revendiquer. C'est certainement la meilleure démarche à adopter dans un contexte économique incertain et en pleine mutation. C'est également une attitude inscrite dans l'air du temps par Internet »

Sophie L., directrice des ressources humaines.

Et vous, quel est votre profil ? Découvrez votre style comportemental face à la mobilité professionnelle

Pour connaître votre « profil », répondez aux questions suivantes puis entourez les lettres correspondant à vos choix dans le tableau de synthèse. Enfin, faites votre calcul dans le tableau de restitution, en tenant compte des éventuelles égalités.

Un seul choix possible par question *(sauf question 5 : deux choix possibles).*

1 Vous estimez :
   A Qu'une carrière se fait au gré des jobs qui se présentent au cours de sa vie professionnelle.
   B Qu'une carrière professionnelle s'inscrit dans une logique évolutive qu'il est essentiel de bien maîtriser.

…/…

2 Pour vous, quand on est en poste :

   A On doit principalement se consacrer à son travail dans le cadre exclusif de l'entreprise qui nous emploie, sans pour autant occulter l'intérêt d'échanges professionnels externes.

   B On doit toujours avoir un regard vers l'extérieur pour ne pas laisser passer la possibilité d'avoir un travail mieux rémunéré ou effectué dans de meilleures conditions.

3 Internet dans le cadre de la gestion de sa carrière, c'est :

   A Consommateur de temps et inutile quand on est en poste, tant que l'on n'a pas envie de changer de job.

   B Essentiel pour interagir avec son environnement et développer une vision sur son activité professionnelle qui dépasse les frontières de l'entreprise où l'on travaille.

4 Vous considérez que les réseaux socioprofessionnels sont notamment utiles :

   A Pour avoir des échanges avec des professionnels d'un secteur d'activité/ métier, et donc une vision plus élargie de son environnement professionnel, ce qui est de fait profitable à l'entreprise où l'on travaille.

   B Pour développer ses réseaux externes, au cas où l'on serait un jour amené à devoir changer de travail.

5 La devise que vous privilégiez pour un professionnel en poste *(deux choix possibles)* :

   1 J'y suis, j'y reste !

   2 Gérer sa carrière, c'est lui donner du sens.

   3 Un pied dedans, un pied dehors au cas où...

   4 Le savoir-faire, c'est aussi le faire savoir.

6 Rechercher un nouveau job, c'est plutôt :

   A Une période difficile mais aussi une réelle occasion d'ouvrir le champ des possibles et de se mettre en prise directe avec l'actualité et les attentes d'un marché professionnel.

   B Un moment difficile qui nécessite de faire des candidatures avec lettres de motivations et CV pour décrocher un nouvel emploi.

7 La meilleure façon pour trouver un travail :

   A C'est de « ratisser large », c'est-à-dire en faisant massivement des candidatures, qu'elles soient spontanées ou en réponse à des offres d'emploi.

   B C'est de privilégier une approche qualitative pour déceler les besoins de son secteur d'activité et voir comment, par ses compétences acquises, on peut y répondre, ou non.

.../...

8 « Faire une approche par réseau » dans une recherche d'emploi, c'est d'après vous :

A Se faire connaître auprès de professionnels en activité et demander à ses interlocuteurs s'ils sont au courant de postes à pourvoir. C'est également demander conseil sur son profil et son CV.

B Se faire connaître auprès de professionnels en activité et réaliser une véritable « étude de marché » pour comprendre l'actualité de son environnement professionnel (secteur d'activité, métier) et en détecter les tendances.

9 Quand on « fait du réseau » dans une recherche professionnelle :

A On doit relancer régulièrement ses contacts pour savoir s'ils ont ou non connaissance de jobs à pourvoir.

B Une fois un rendez-vous effectué, inutile de relancer ses contacts dans le cadre d'une nouvelle sollicitation.

10 L'outil à privilégier au quotidien dans le cadre d'une recherche professionnelle :

A C'est le CV.

B C'est la carte de visite.

Tableau de synthèse

Question	Réponse	
	A	B
Question 1	I	S
Question 2	S	I
Question 3	I	S
Question 4	S	I
Question 5	I (réponses 1 et 3)	S (réponses 2 et 4)
Question 6	E	D
Question 7	D	E
Question 8	D	E
Question 9	D	E
Question 10	D	E

Et maintenant, entourez les réponses que vous avez portées sur le questionnaire.

Puis, faites le total de lettres entourées.

.../...

Tableau de restitution

I (Impulsif)	
D (Demandeur)	
E (Explorateur)	
S (Stratège)	

Mon style de mobilité professionnel : ___________

En cas d'égalité

Entre S et E	Si vous êtes en poste, privilégiez S.
	Si vous êtes en recherche active d'emploi, privilégiez E.
Entre I et D	Si vous êtes en poste, privilégiez I.
	Si vous êtes en recherche active d'emploi, privilégiez D.
Entre I et S	Privilégiez I.
Entre D et E	Privilégiez D.

Les profils de la mobilité professionnelle sont-ils hermétiques les uns par rapport aux autres ?

Nous vous présentons ici un schéma qui présente des couloirs de circulation « logiques » d'un profil à l'autre ...

Les couloirs de circulation d'un profil à l'autre

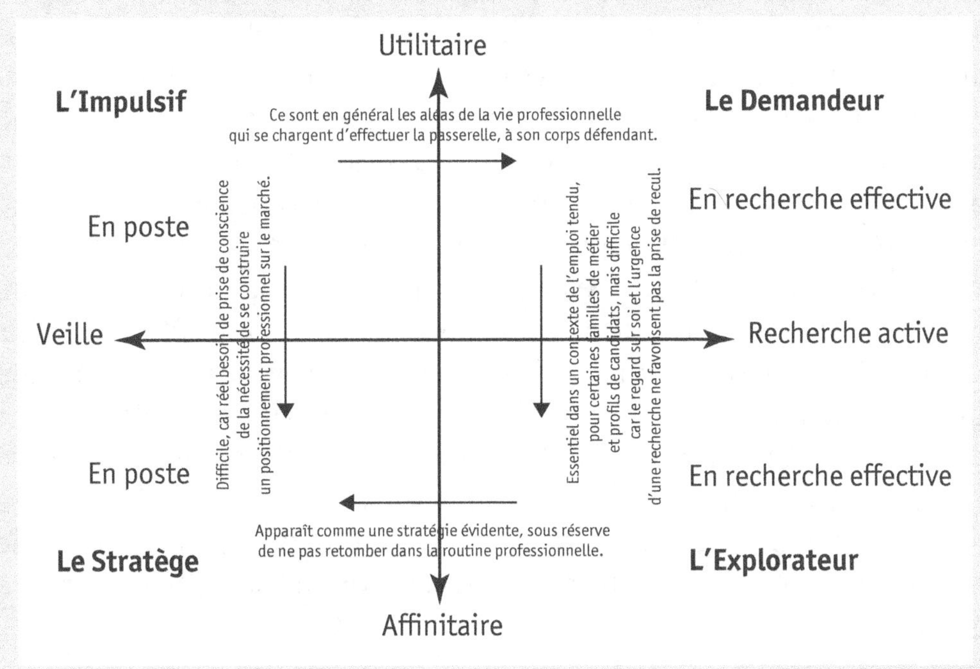

■ Quelques réflexions sur ces différents profils

Si l'on peut qualifier l'approche affinitaire de « cycle vertueux » du positionnement professionnel, le mode utilitaire, quant à lui, n'est pas à rejeter car il apporte des réponses adaptées à certaines personnes ou certaines situations.

C'est notamment le cas lorsqu'un choix de vie est privilégié à la carrière professionnelle (partir vivre ailleurs…).

C'est également une approche pertinente lorsque la motivation première est de « retravailler rapidement » dans un environnement porteur (offres d'emploi abondantes, marché fluide).

La démarche utilitaire est généralement celle qu'adoptent les personnes à la recherche d'un emploi ou d'une nouvelle mission : il s'agit pour elles de bénéficier à court terme des opportunités du marché en sollicitant les bonnes ressources, avec le bon message, au bon moment. Mais à moyen terme, leur objectif est de se créer une visibilité et ainsi d'être repérables pour avoir des chances d'être sollicité pour un entretien avec un recruteur. C'est une démarche qui mobilise beaucoup d'énergie et doit être menée de façon systématique, l'utilisation d'Internet et des réseaux sociaux n'étant qu'un élément du dispositif. Pour avoir des chances d'être efficace, cette opération va devoir utiliser les mêmes leviers qu'une action de marketing direct : construction d'un message et d'un argumentaire « vendeur », qualification de la cible, adaptation de l'argumentaire à la cible, envoi du message, rappels, exploitation des réponses, prises de contact, remerciements… Au final, les entretiens ainsi obtenus vont permettre d'être embauché et, dans bien des cas, la personne va alors ne plus avoir d'activité sur les réseaux sociaux, c'est tout juste si elle va mettre à jour son profil. Autrement dit, les ressources qu'elle aura mobilisées vont être mises en sommeil, le réseau digital ne va plus être sollicité. Et il faudra tout reprendre la fois suivante. Pourtant la démarche aura marqué son empreinte sur Internet : création de profils, prises de contacts, participation à des forums. Cette activité aura créé un « bruit », ce fameux « buzz » caractéristique de la Toile. Le fait même d'interrompre ce buzz est une indication. Tout à coup, le réseau ne va plus enregistrer d'écho. La démarche utilitaire trouve là sa limite.

En préférant, à cette tactique utilitaire, une stratégie à plus long terme, on va au contraire capitaliser sur l'ensemble des éléments du dispositif et s'inscrire durablement dans la logique relationnelle du Web collaboratif. Dès lors, on choisit de ne pas se situer principalement dans la perspective d'une recherche d'emploi, mais résolument dans la recherche de l'affirmation de son positionnement professionnel. Il va donc falloir construire son identité professionnelle numérique, la faire vivre en alimentant le réseau régulièrement, la faire évoluer au fur et à mesure de sa progression dans la carrière. Ainsi on devient partie prenante d'un écosystème dans lequel l'interactivité se développe naturellement. Les opportunités se présentent, des sollicitations professionnelles se révèlent, les échanges prédominent. On est repéré comme référent, comme « personne ressource » et les relations se développent sur le mode affinitaire. Par-delà sa visibilité, il convient dès lors de travailler sa médiatisation, d'où l'importance du *personal branding*.

Sept points clés pour choisir la bonne approche, « question de style »

- L'approche utilitaire est régie par les publications d'offres d'emploi suivies de candidatures à ces mêmes offres.
- C'est une approche qui se révèle efficace dans un marché porteur, où les offres de postes et les candidatures sont fluides.
- Le mode utilitaire convient plus particulièrement à des candidats qui ont un profil conforme en tout point à celui décrit dans l'offre d'emploi.
- L'approche affinitaire consiste à s'informer sur un secteur d'activité ou un environnement métier en se documentant et en rencontrant des professionnels en poste.
- Cette approche donne de meilleurs résultats dans un marché en tension, où il y a peu d'offres d'emploi et de nombreux postulants.
- La dynamique affinitaire est particulièrement efficace pour le repositionnement professionnel des profils experts et des seniors.
- Une stratégie de recherche optimale conjugue l'utilitaire et l'affinitaire ; tout est question de dosage selon les profils de chacun.

Susciter l'intérêt : « du mode d'emploi au mode d'envie »

■ Vers une dynamique exploratrice...

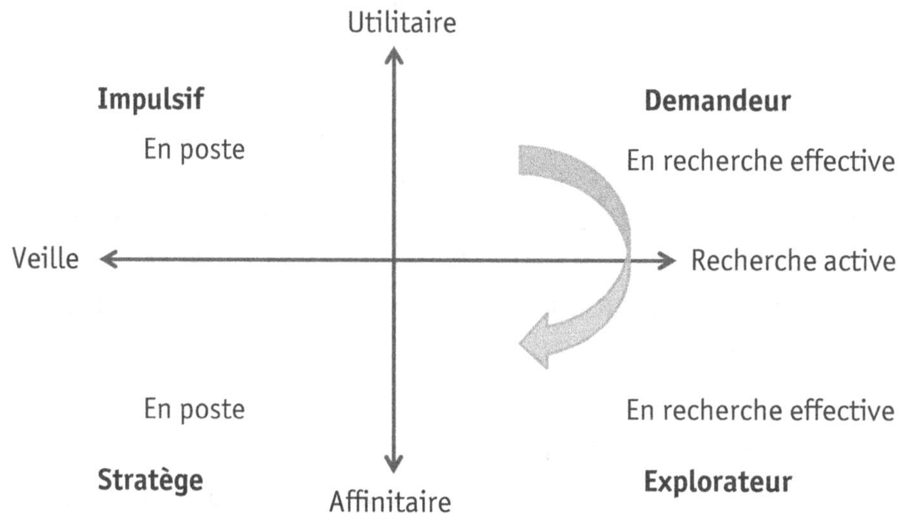

Si le profil Demandeur s'avère pertinent dans un environnement porteur (offres d'emploi abondantes, marché fluide), le mode Explorateur s'exprime plus logiquement dans un environnement où l'emploi est plus tendu (conjoncture), plus sélectif (profils recherchés), plus mouvant (tendances). Il est aussi plus « apprenant » par la richesse des interactions qu'il apporte.

Que l'on soit en recherche active ou en veille, la posture affinitaire permet à l'évidence de s'ancrer dans la réalité de son environnement professionnel, d'être au fait de son actualité professionnelle, d'observer les tendances et les évolutions et ainsi de développer une réelle vision professionnelle.

Dans le cadre d'une recherche active, l'Explorateur va vivre sa transition professionnelle de façon apprenante, dynamique, motivante, et riche de précieux contacts. Cette approche ne s'improvise pas car elle fait appel à une véritable dynamique d'interaction (établissement des contacts à solliciter, prise de rendez-vous, entretiens, posture à adopter, nouvelles sollicitations…). Indubitablement, les personnes en situation de recherche active qui arrivent à passer du profil Demandeur au mode « Explorateur » s'affranchissent plus facilement des CV, des lettres de motivations et autres outils de recherche pour vivre une transition professionnelle qui peut s'avérer réellement passionnante.

Mode affinitaire et recherche active sont-ils compatibles ?

Tout d'abord, au vu des profils présentés plus haut, il est important de bien comprendre que la dynamique affinitaire ne s'exprime pas exclusivement et de façon « autarcique » sur le Web.

Internet est un média au service d'une stratégie globale qui, dans la recherche d'emploi, a pour finalité la rencontre physique entre le candidat et les acteurs de son marché, puis les recruteurs.

Ce média permet des interactions riches et productives sur le Web à partir du moment où l'on en respecte les principes fondamentaux que sont la transparence, la générosité et l'apport qui permettent l'échange, la co-construction et *in fine* la rencontre physique…

À ce titre, une approche affinitaire est non seulement parfaitement compatible avec la recherche active d'un emploi, mais plus encore, elle la rend particulièrement riche et apprenante.

Alors, comment créer des interactions riches et productives ?

L'essentiel, c'est d'établir un ancrage dans la vie réelle, sur le terrain, au contact physique de ses interlocuteurs. C'est le réseau traditionnel ! Internet constitue un fantastique « booster » au service de l'information, du ciblage et de la rencontre physique. Rappelons-le, Internet doit être considéré comme un facilitateur de réseau au service de rencontres réelles et non comme une finalité virtuelle. C'est essentiel !

Peut-on croire sincèrement qu'un contact de contact, resté au niveau digital, acceptera spontanément de consacrer du temps à une personne en situation de recherche professionnelle ? Peut-on croire à l'interconnexion généreuse des carnets d'adresses ? Oui dans l'idéal, c'est là toute la richesse du potentiel contributif d'Internet… Ceci dit, au-delà de l'intention louable et pour privilégier une approche plus pragmatique, il convient de dépasser ce premier niveau d'intermédiation possible, sommaire la plupart du temps, au profit d'un ancrage sur le terrain passant nécessairement par la rencontre physique. Internet devient alors un excellent outil pour cibler et consolider ses réseaux !

À ce stade, il nous semble essentiel de revenir quelques instants sur ce fameux « travail de réseau » dont on entend si souvent parler dans une recherche d'emploi.

À quoi sert réellement le réseau ? Que peut-on dire ou demander ? Que peut-on en attendre ?

Nous observons trois objectifs distincts que l'on peut atteindre par l'exploitation de ses réseaux, spécifiques selon la nature même du réseau (réseau personnel, réseau professionnel de premier ou second niveau).

Objectif 1 : le coup de pouce pour un emploi

Cette approche est possible exclusivement auprès de proches qui acceptent d'exercer un rôle d'intermédiation entre la personne en recherche d'emploi et une connaissance professionnelle qui recrute. Qui, en effet, n'a pas connu un dirigeant d'entreprise interrogeant son entourage pour trouver une collaboratrice de confiance ? Qui n'a pas demandé un coup de piston à son oncle bien introduit dans une sphère décisionnelle… ? Le réseau intervient ici en ressource pour faciliter la rencontre entre l'offre et la demande.

Quelle tactique 2.0 développer pour atteindre cet objectif ?

Si tout se passe naturellement par le bouche-à-oreille, il est avant tout essentiel d'avoir en amont un projet d'activité professionnelle clair et une communication bien articulée autour de ce projet (CV, profil sur les réseaux et média sociaux, expression orale).

En mode réactif, lorsque la personne-ressource met en relation celle qui recherche un emploi avec un tiers, il est utile de « googliser » ce dernier afin de s'avoir s'il est inscrit sur un réseau ou un média social, une vision plus précise de son profil, de ses contacts et de ses centres d'intérêt. Des relations ou des sujets partagés sont autant d'atouts pour séduire un recruteur potentiel.

En mode proactif, il est intéressant de visiter le profil et les contacts de sa personne-ressource sur les réseaux sociaux, ce qui permet, si l'on identifie un contact utile, de le lui faire savoir pour faciliter la rencontre. L'exploitation de ses réseaux dans une optique de cooptation a une dimension exploratrice réduite.

Objectif 2 : valider son projet professionnel

Cette approche est essentiellement utile lorsque l'on a besoin d'informations précises sur un secteur d'activité ou un environnement métier, dans le cadre d'une réflexion professionnelle qui doit aboutir à une prise de décision sur le choix d'un métier ou d'un secteur d'activité. L'objectif ici est de rencontrer un professionnel pour bénéficier de l'avis d'un expert « opérationnel » afin qu'il parle de son métier, des avantages qu'il en tire et des inconvénients qu'il observe, apportant ainsi des informations précieuses, objectives et subjectives. Trop souvent, des personnes à la recherche d'un emploi trouvent l'alibi de la validation de projet pour avancer dans leur recherche. C'est peu productif et trompeur pour l'interlocuteur. Mieux vaut alors privilégier la troisième approche explicitée plus bas.

Dans le cadre de la validation de projet, l'exploitation d'Internet est précieuse tant pour la collecte d'informations (recherche par mots-clés, visite de sites spécialisés, articles de presse…) que pour la qualification des contacts utiles (recherche de personnes sur les groupes thématiques, identification de contacts dans des sociétés, croisement de carnets d'adresses *via* ses contacts…). Exploiter une démarche de réseau dans le cadre de la validation de projet professionnel confère une réelle posture exploratrice.

Objectif 3 : réaliser une étude de marché sur un environnement métier ou un secteur d'activité dans une perspective de repositionnement professionnel

La stratégie « réseau » initiée alors répond à la posture exploratrice par excellence, telle que nous la décrivons plus haut. L'objectif est de bien comprendre l'actualité et les besoins de son marché cible, de mobiliser (voire d'acquérir le cas échéant) les compétences qui répondent au(x) besoin(s) détecté(s), et de localiser où se situe le(s) besoin(s) type de structure, bassin d'emploi, jusqu'à la détection de contacts à solliciter.

L'entretien réseau, mode d'emploi

L'Explorateur pilote l'entretien.

Temps de parole : Explorateur 20 % (présentation rapide et questionnement – conclusion).

Contact réseau : 80 % (réponses – proposition de nouveaux contacts à solliciter).

…/…

L'Explorateur, après s'être rapidement présenté (situation actuelle, projet professionnel, parcours et principales compétences…) rappelle l'objectif de l'échange, interroge son interlocuteur – professionnel en poste – et se met à son « écoute active » pour recueillir les informations utiles. Puis il l'incite à ouvrir son carnet d'adresses pour avancer dans son analyse du marché et localiser les nouveaux interlocuteurs à solliciter. Pourquoi telle ou telle mise en relation ? Il est intéressant de demander à son interlocuteur les raisons qui le conduisent à proposer chaque contact. Cela permet d'avancer vers la localisation de ses relais d'information ou cibles potentielles.

Comme pour la validation de projet professionnel – voir « Objectif 2 » – Internet livre toute sa puissance documentaire et interactive au service de sa stratégie réseau ! Le Web s'avérera particulièrement précieux pour consulter dans le détail le profil des contacts à approcher au fur et à mesure de l'avancement de sa démarche de réseau, sans omettre bien entendu de consulter la liste des personnes en réseau avec chaque contact. (Il est toutefois impératif de s'interdire toute sollicitation vers des contacts de contacts sans recommandation préalable !)

Attention au risque d'une posture « Demandeur » masquée par une apparence « exploratrice ».

La personne en situation de recherche active aura alors tendance à revenir très vite en mode Demandeur, à vouloir centrer l'attention sur elle-même au lieu d'interviewer son interlocuteur, et n'hésitera pas à remettre son CV et à relancer ses contacts réseau pour leur demander régulièrement s'ils ont connaissance d'opportunités. Cette approche intrusive est généralement mal reçue. Si l'offre d'emploi n'arrive pas « rapidement », le « Demandeur masqué » va alors abandonner rapidement son travail de réseau l'estimant peu efficace.

Nous le voyons, la dynamique exploratrice ne vise pas prioritairement l'emploi, mais le bon emploi, c'est-à-dire celui qui offre la possibilité d'exprimer ses compétences dans un environnement conforme à ses choix, à ses aspirations, et au positionnement professionnel que l'on souhaite exprimer.

L'approche exploratrice fait la part belle au collaborateur car c'est aussi lui qui choisit son futur employeur !

C'est ainsi que Virginie, ex-directrice de la communication souhaitant se reconvertir et mettre ses compétences au service des ressources humaines d'une grande entreprise finit par séduire son interlocuteur, DRH d'une importante société de services.

Au moment même où, après s'être présentée rapidement et fait part à celui-ci des fruits de son investigation professionnelle, présentant le concept de marque employeur dans le cadre d'une véritable stratégie de marketing des ressources humaines, celui-ci lui proposa de collaborer au sein de sa société. Plutôt que de prendre des habits de demandeur d'emploi, elle poursuivit la démarche investigatrice, cherchant à bien cerner les attentes du DRH et à comprendre l'intérêt qu'elle aurait de son côté à rejoindre cette entreprise.

Cette démarche, à la fois sélective et orientée « client », a été gagnante !

Au-delà d'une approche de réseaux, la démarche exploratrice, c'est aussi la lecture de la presse spécialisée, la visite de salons professionnels, un véritable travail d'enquêteur... Comme le disait finalement François – Journaliste de presse écrite victime d'un plan social : « En fait, vous me demandez de faire mon métier de journaliste d'investigation dans le cadre de ma recherche d'emploi. »

L'explication de texte ci-dessus vise à présenter toute la mesure de la dynamique exploratrice sur le terrain, pour permettre de comprendre sa capacité d'expression sur Internet. Dès lors que l'on dispose de matière à échanger, de sujets de discussion, de contacts à solliciter, le Web collaboratif produit toute sa richesse.

Comment Virginie a-t-elle obtenu son rendez-vous auprès du DRH ? Sur LinkedIn, après lui avoir envoyé un e-mail lui précisant qu'elle aimerait lui faire partager des informations susceptibles de l'intéresser. Mais comment donc le savait-elle ? Christophe, le DRH, faisait partie du même groupe de discussion sur les RH à l'heure du 2.0 et posait de nombreuses questions.

Celui-ci lui communiqua son adresse de messagerie professionnelle pour recevoir plus d'informations. Virginie lui adressa une première conclusion de ses investigations puis proposa à Christophe de poursuivre l'échange de vive voix, ce qu'il accepta. L'échange fut cordial : il faut dire qu'elle avait consulté son profil et disposait d'informations utiles à son sujet. Elle avait également consulté la page de son entreprise.

Susciter l'intérêt : « du mode d'emploi au mode d'envie » – Sept idées clés à retenir

1. Il est possible de s'affranchir partiellement du CV pour mener une recherche d'emploi à la fois professionnelle, dynamique et motivante.

2. L'approche par réseaux nécessite impérativement une rencontre physique entre professionnels (en poste et en recherche d'emploi).

3. Cette approche permet de solliciter une cooptation, de valider un projet professionnel ou de réaliser une étude de marché sur un environnement professionnel donné.

4. Internet donne toute la mesure de sa richesse dès lors qu'il se met au service de ces rencontres physiques. Internet et le travail de réseau sont ainsi complémentaires !

5. Donner envie à un interlocuteur de s'intéresser à soi, ce n'est pas parler de soi, mais de lui, de son actualité, de sa vision de son environnement professionnel et des besoins de son marché.

6. L'approche affinitaire suppose de s'intéresser réellement à l'autre et à son environnement professionnel au sens élargi (au-delà des murs de son entreprise).

7. Les nombreuses personnes rencontrées sont autant de contacts potentiellement utiles dans de nouvelles fonctions professionnelles.

Développer son attractivité : « de la recherche d'emploi à l'employabilité »

■ Vers une posture de Stratège

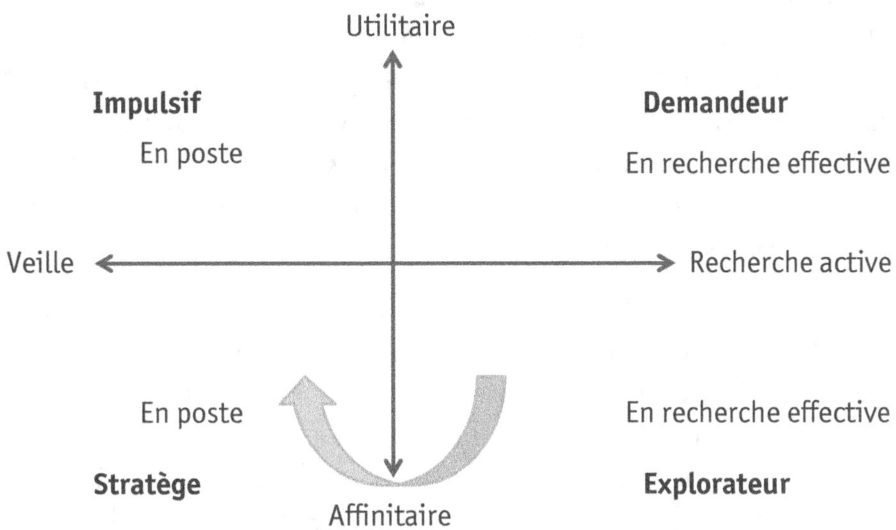

La dynamique mise en action par le profil Explorateur trouve son prolongement naturel, une fois en poste, avec la posture de Stratège. Développer ainsi son positionnement professionnel permet à chacun de se constituer un véritable passeport professionnel !

« La vie économique est faite de destruction et de création, de changements, de transferts. Cela fait partie du fonctionnement normal d'une entreprise. Considérer l'emploi comme un bien immuable est profondément contraire à la manière dont l'économie évolue » (Carlos Ghosn, *Citoyen du monde*, Grasset, 2003).

Qu'est-ce que l'employabilité ?

« L'employabilité est la capacité d'une personne à être affectée à un nouveau travail » (*Larousse*).

« Le concept d'employabilité initiative (Gazier, 1999) cherche à matérialiser la capacité individuelle à vendre sur le marché du travail des qualifications évolutives et cumulatives. Deux éléments sont alors mis en avant : la créativité

.../...

> et la responsabilité individuelle (Hategekimana et Roger, 2002) ainsi que la capacité à construire et à mobiliser des réseaux sociaux (Granovetter, 2000) » (Ève Saint-Germes, université Montpellier 2, CREGO, IAE, *http://www.chaire-competences.uqam.ca/pdf/conferences/Saint-Germes_Eve.pdf*).

Libérez votre leadership !

Quelle que soit l'évolution de la situation économique, faire carrière dans une entreprise ou même y rester de nombreuses années va devenir l'exception, tandis que changer d'entreprise et parfois même de profession durant sa vie va tendre à devenir la règle et cela non seulement pour les dirigeants et les cadres supérieurs mais, de façon plus générale, pour les collaborateurs à tous les niveaux dans les entreprises.

L'accentuation de cette mobilité professionnelle, confirmée par la plupart des études comme nous l'exprimions au début de cet ouvrage, conduit chacun de nous à se poser la question du développement de sa carrière, de la direction qu'il souhaite donner à sa vie professionnelle, de l'expression du positionnement qu'il revendique, du développement même de son leadership. Fini le temps où l'on se cachait derrière un métier, une fonction, une responsabilité… Dans l'exercice de son travail, le Stratège exprime ce à quoi il croit, ce qu'il met en œuvre et ce vers quoi il tend. Il ne parle plus de son métier, mais de la façon dont il l'exerce, des valeurs qui constituent le soutènement de la vision qu'il développe et de la motivation qui l'anime.

Fini le temps de l'isolement sa vision est dynamique car elle vit du collectif : information, échange, partage, adhésion, évolution.

Fini le temps des réseaux fermés ; dans un environnement où tout s'accélère, où les changements sont permanents, où le progrès bouleverse l'innovation d'hier, le Stratège s'affranchit d'une sphère relationnelle hier confinée pour s'ouvrir aux réseaux internes et externes. Il s'informe, il exprime, il partage, il développe, il avance…

Fini le temps du confinement de la connaissance ; grâce au développement des outils collaboratifs, le Stratège délivre ses savoirs et savoir-faire au sein de son entreprise dont il abolit les frontières pour s'ouvrir à la planète de l'intelligence collective. Il est en relation avec le monde, il partage avec le monde, il fait progresser le monde…

Fini le temps de la lutte des castes ; le modèle traditionnel qui reconnaissait l'expertise aux « anciens » vole en éclats et le Stratège le sait bien : plus de génération X, plus de génération Y, mais une génération I comme « innovation » où chacun grandit avec et par l'autre. C'est probablement une des clés de la performance dans un monde qui se complexifie, à une époque où l'empreinte numérique s'affirme, dans un environnement où les enjeux évoluent.

Fini le temps de l'immobilisme ; le changement, c'est bien maintenant. Il n'est plus question de croire ou non à l'avenir des technologies numériques, de se demander si l'on y est sensible ou pas, de se poser la question de l'utilité des réseaux sociaux et de leur développement… L'avènement numérique est non seulement là, mais il se développe de façon exponentielle. Le Stratège le sait et il se remet en question quel que soit son âge, et prend en considération cette évolution inéluctable de la société pour en tirer parti. Ce n'est plus une option mais la condition du développement de son expertise et de son employabilité.

Et si le leadership n'était plus la panacée des dirigeants ?

Et si tout un chacun libérait l'expression de son propre leadership ? Et si l'entreprise elle-même se libérait ?

■ En avant !

Pour certains, le fait d'adopter ou non une posture de Stratège conduit à l'évidence à une remise en question personnelle. Dois-je porter un nouveau regard sur mon activité professionnelle ? Est-ce utile de passer du temps sur les réseaux sociaux ? N'est-ce pas finalement une perte de temps ? Dois-je devenir un acteur engagé, un communicant impliqué ? Dois-je réellement devenir visible ? La réponse à toutes ces questions n'est pas évidente et dépend de la situation de chacun.

Néanmoins, une nouvelle question peut devenir un élément de réponse… « Aurais-je besoin ou envie de changer de job à un moment ou à un autre de ma vie professionnelle ? » Si l'on répond par la négative, une autre question peut alors poindre : « L'intelligence collective est-elle plus performante que l'intelligence individuelle ? » Si l'on répond par l'affirmative à l'une ou l'autre de ces

deux dernières questions, il n'y a plus d'autre question à se poser ;
il faut y aller !

■ La puissance digitale au service de votre carrière !

Internet, et plus spécifiquement les médias sociaux, constituent
aujourd'hui une fantastique vitrine qui permet à tout un chacun
de se rendre visible, d'être repéré, découvert, trouvé. Bref, là où
autrefois seuls les « hauts potentiels » étaient référencés dans les
bases de données des chasseurs de têtes, ce sont aujourd'hui *via*
Internet tous les individus qui sont susceptibles d'être approchés
à tout moment de leur vie professionnelle. Cela change considérablement la donne ! C'est la condition *sine qua non* pour continuer
d'être « chassés », pour ceux qui en avaient l'habitude, de travailler
efficacement leurs systèmes relationnels, pour les fervents du
réseautage, de se tenir au courant des vraies opportunités, pour
les plus entreprenants. De ce fait, la relation entre un candidat
potentiel et un recruteur tend à se rééquilibrer, en étant plus
ouverte avec une prise de contact facilitée, plus humaine aussi
dans la mesure où ce ne sont plus seulement les connaissances,
les compétences et l'expérience professionnelles qui sont mises en
avant mais aussi des aspects plus personnels.

Le CV traditionnel est battu en brèche par cette approche dynamique où le Stratège est actif et s'engage sur le Web en participant
aux discussions avec ses pairs sur les *hubs* des médias sociaux,
en partageant son activité de veille avec sa communauté sur
Twitter, en écrivant dans Le Cercle *Les Échos*, en produisant des
contenus sur SlideShare, en proposant des vidéos avec YouTube,
en orchestrant l'ensemble sur son blog… Il optimise le pilotage de
sa carrière, apparaît comme expert dans ses domaines de prédilec-
tion, tout en étant pour l'entreprise où il travaille un collaborateur
ambassadeur.

■ Exposez votre vitrine professionnelle !

En réalité, la veille est permanente et à tout moment une entreprise est susceptible de s'adresser à la personne qui s'expose ainsi
sur la Toile, se met en situation, en scène pourrait-on presque dire.
Il y a donc une forme d'authenticité dans cette nouvelle approche,
ce qui, selon certains observateurs, pourrait avoir un impact positif

à terme sur les mentalités en les ouvrant à la diversité des profils et à l'atypisme des candidats tout en luttant contre les discriminations à l'embauche et au clonage des candidats. De même qu'une entreprise définit son *business model*, de même chacun d'entre nous va devoir construire son e-portfolio, autrement dit devoir décrire un portefeuille de compétences qui lui soit propre, avec ses aptitudes à réaliser certaines tâches. Dossier personnel, documenté et systématique, ce portfolio est constitué par la personne pour reconnaître ses acquis ou pour les faire reconnaître sur le plan institutionnel ou professionnel. Résultat d'une démarche personnelle, il demeure la propriété de son auteur qui reste maître de son utilisation et de sa maintenance. Cette démarche permet de réfléchir sur ses projets (sociaux, professionnels) et de définir quelles parties de ces projets vont être communiquées, et à quels publics. Elle peut être utilisée par les professionnels, les enseignants, les élèves, les parents ou autres personnes engagées dans une démarche de formation tout au long de leur vie, dans le but de communiquer sur leur profil ou de garder les traces de leur parcours de formation : un véritable passeport professionnel !

■ Restez *online* !

Nous l'avons dit, et nous le répétons : malheureusement nous observons encore trop souvent des personnes qui ont développé une dynamique exploratrice riche d'informations et de contacts nouveaux dans le cadre de leur recherche active d'emploi et qui, dès qu'elles ont trouvé un nouvel emploi, stoppent toute communication sur les réseaux sociaux. Du jour au lendemain, leurs profils ne sont plus actualisés, leur participation aux groupes de discussion s'efface, leurs contacts ne sont plus sollicités, comme si tout s'arrêtait là…

Tout s'arrête-t-il réellement là ?

Les sept points clés pour développer son attractivité : « de la recherche d'emploi à l'employabilité »

1. Faire carrière dans une même entreprise tend à devenir l'exception, et pas exclusivement pour les cadres et les dirigeants.

…/…

2. Les médias sociaux ne sont plus une option, mais la condition du développement de son expertise et de sa réputation.

3. On ne parle plus de son métier mais de la manière dont on l'exerce, de la vision que l'on en a, de la plus-value qu'on lui apporte.

4. Le Web permet de s'informer, de partager, de s'exprimer, de codévelopper au bénéfice de son entreprise et d'une communauté d'experts qui s'étend au-delà des frontières de son entreprise.

5. Faire vivre son positionnement professionnel sur Internet permet de développer son propre leadership.

6. Il est essentiel d'actualiser son profil sur les réseaux sociaux, y compris lorsque l'on a retrouvé un emploi.

7. Un positionnement professionnel dynamique et visible constitue l'une des meilleures garanties de bonne employabilité.

■ ■ ■

Chapitre 2

Développer
sa marque personnelle

Puisque les médias sociaux constituent une fantastique vitrine sur le monde, chacun peut librement choisir d'y être visible ou non. Mais quelle est la marge réelle de liberté quand on sait que le premier geste d'un recruteur est de taper sur Google le nom d'un candidat, potentiel ou avéré. Le mutisme du moteur entraîne alors un risque de suspicion à l'encontre du malheureux qui n'apparaît pas sur le Web et qui peut être rapidement taxé de passéiste, hors de son temps, hermétique aux évolutions de la société. Oui, il est difficile aujourd'hui de faire l'impasse sur le sujet. Et l'on doit à l'évidence « s'afficher », et donc se montrer sous ses plus beaux atours. Il devient essentiel de donner une image de soi, la plus exhaustive et la plus juste qui soit, ce qui nécessite de mener une réflexion approfondie sur son *personal branding*.

Et le constat est le même lorsque l'on est en poste, si du moins l'on souhaite donner à sa carrière les moyens de son évolution.

À qui s'adresse le *personal branding* ?

Le concept du *personal branding* est né en réaction à l'évolution du marché du travail lorsqu'aux États-Unis, dans les années 1990, le chômage de masse a incité beaucoup d'Américains à se mettre à leur compte. En 1997, Tom Peters, éminent coach en management, publie un article sur le magazine *Fast Company* qui va introduire pour la première fois aux États-Unis ce concept. Dans l'article intitulé « The Brand Called YOU ! », il explique comment chaque individu est amené à devenir son propre patron, à incarner sa propre marque avec ses caractéristiques et ses atouts différenciants. Cette idée novatrice, un brin provocatrice aux yeux du plus grand nombre, va inspirer directement William Arruda et Peter Montoya, les deux principaux concepteurs du *personal branding*. En 2001, William Arruda fonde Reach Inc, aujourd'hui leader mondial et n° 1 en France du *personal branding* et la méthode Reach Personal Branding 1-2-3 Success (voir en annexe, p. 239). Cette méthode est le fruit de vingt années d'expertise en *branding* d'entreprise, appliquée à l'individu et aux nouveaux défis du marché du travail. Un processus complet en trois étapes : 1) découvrir → 2) communiquer → 3) rayonner.

Béatrice Cuvelier (*www.personalbranding.fr*) est la pionnière française du *personal branding*, elle a traduit et introduit cette méthode en France en 2006. Cette approche structure et répond directement à la nécessité de prendre soin de son image, de sa réputation, de sa visibilité et de construire une communication claire et cohérente pour porter avec succès ses objectifs professionnels auprès d'un public identifié et ciblé. De nos jours, Internet, par sa capacité à raccourcir le temps et à rassembler les gens, peut propulser quiconque, bon gré mal gré, sur le devant de la scène en quelques secondes. Il est tout à fait sensé et légitime de s'interroger sur son image, sur son message et sa réputation. Quels que soient votre personnalité, votre actualité, vos projets, identifier votre marque personnelle vous permettra de sécuriser votre communication, de renforcer votre impact sur votre marché cible et de pérenniser vos succès. Autant d'attitudes, autrefois réservées aux seules entreprises, qu'il convient d'intégrer comme des pratiques indispensables à une bonne gestion de carrière et de recherche d'emploi. Dans cet ouvrage, notre parti pris est d'éviter tout phénomène « potion magique » avec des effets survalorisants pour votre image dans le but de vous transformer en super-candidat 2.0, héros digital que tous les recruteurs s'arrachent. Nous avons la conviction que le secret de votre réussite est en vous. Nous vous accompagnerons, étape par étape, avec des exercices pratiques, des temps de réflexion et d'introspection indispensables à la découverte des composantes de votre propre marque personnelle, de votre projet professionnel et de tous les aspects indispensables à une communication authentique et unique. Vous êtes au cœur de ce processus ; aussi la qualité et l'efficacité de vos actions dépendront de votre engagement et de votre implication en amont.

■ Un nouveau phénomène de mode amené à disparaître ?

Prendre soin de sa marque personnelle peut aisément être assimilé à une approche nouvelle et purement marketing de la personne. Nouvelle dans son utilisation des supports du Web certes, mais pas au regard de l'histoire. En effet, de tout temps, l'être humain a eu besoin de se différencier de ses congénères, d'afficher ses exploits et d'affirmer ses croyances, ses valeurs, ses richesses. D'abord les clans familiaux puis les tribus, les contés, les nations, les unions internationales… À mesure que les modes de communication ont évolué, les signes distinctifs des humains se sont vus dotés de matières, de couleurs, de messages à l'attention des ennemis du groupe mais également dans le but de s'identifier, de se reconnaître et de se rassembler. Peints sur les murs d'une grotte, en trophée autour du cou, gravés sur la pierre, marqué au fer rouge sur une peau, tatoués à l'encre de Chine, marquetés sur du bois ou martelés sur un bouclier, cousus sur un drapeau… Se distinguer pour mieux communiquer a toujours été un besoin pour l'être humain. Rien de nouveau dans tout ce que nous observons aujourd'hui. Sous l'impulsion d'Internet les pratiques évoluent, les marchés changent, les entreprises s'adaptent et sont rejointes petit à petit par des particuliers de plus en plus séduits par un média qui leur donne enfin la possibilité de s'exprimer. Plus besoin d'attendre qu'une entité plus grande et plus puissante s'exprime pour vous et vous englobe dans ses valeurs, dans ses projets. Le collectif est toujours là, mais l'intelligence qui le propulse est puisée dans la variété des individus qui le composent, ce qui le rend encore plus fort, plus riche et performant.

■ Le *personal branding* couplé au Web 2.0 sonne-t-il la fin de toute vie privée ?

Si la personne est au cœur même du processus du *personal branding* et si l'introspection est indispensable pour aller chercher en soi les fondements de sa marque, il n'est pas question d'annuler les frontières entre vie privée et vie professionnelle. Pour aborder sereinement les outils 2.0, il ne doit y avoir aucune ambiguïté sur ce sujet et c'est à vous qu'il revient de fixer les limites. Tout est question de positionnement, de stratégie, de choix, de dosage, de vérité et d'utilité. À noter toutefois, qu'en matière de recrutement, comme en « affaires », à compétences ou caractéristiques techniques égales, la différence entre un candidat et un autre, une entreprise ou une autre, relève bien souvent du ressenti et de la personnalité.

■ Sortir du lot, être repéré pour ce que l'on est

Le développement de l'auto-entrepreneuriat, le resserrement du marché de l'emploi et l'émergence des médias sociaux ont rendu le concept du marketing de la personne plus familier puisque chacun doit, dans son domaine, exister, affirmer son identité et faire ressortir sa différence sur un marché fortement concurrentiel. En fait, cette démarche suit la même logique pour les individus que le *branding* pour les entreprises. On sait combien la communication des entreprises se polarise aujourd'hui sur tout ce que les marques signifient, ce qui leur donne du sens, pourquoi on les aime… ou non. Chaque individu peut entrer dans cette logique et, osons le dire, aboutir à créer une émotion, voire du désir et sortir du lot ! Il est cependant indispensable de s'inscrire dans une relation de confiance et de longue durée avec son réseau professionnel. Comme pour les entreprises, l'authenticité est seule garantie de réussite pérenne. Dans un marché saturé tel que celui de l'emploi aujourd'hui, la visibilité est une priorité pour beaucoup et elle est considérée comme la clé du succès. En fait, il ne s'agit que d'une composante, très importante certes, mais une visibilité sans contenu de valeur n'a que peu d'impact sur l'objectif final. Également une visibilité non encadrée par une approche professionnelle et réfléchie peut, au final, ne pas atteindre le but escompté et mettre en danger votre crédibilité. À l'instant où nous rédigeons ces lignes, chaque individu possède encore et plus que jamais la possibilité de sortir du lot et ce pour deux raisons principales :

- Le Web et ses outils du 2.0 ont supprimé les intermédiaires entre candidats et recruteurs.
- Bien que, de plus en plus plébiscités, encore très peu de personnes savent réellement comment utiliser ces outils au profit de leur projet professionnel.

Or très bientôt, ce n'est pas d'être ou ne pas être sur les réseaux sociaux qui fera la différence pour un candidat, mais plutôt : comment il y est, quelle activité il produit et quelle est la qualité de son réseau.

Ce que nous entendons par sortir du lot

Il ne s'agit pas de se faire remarquer par tous les moyens, d'être omniprésent, ultra-coloré et de prendre tous les risques pour attirer les projecteurs du buzz sur soi. Ce type d'attitude vous rend plus ridicule qu'admirable aux yeux de ceux qui vous regardent ! Nous vous proposons une réflexion pour faire émerger vos atouts, votre valeur ajoutée et votre identité dans tout ce qu'elle a d'unique. Vous apprendrez à la communiquer avec justesse et pertinence auprès de votre réseau et de votre marché cible sur ce magnifique média qu'est Internet. Vous comprendrez comment sortir du lot, surprendre et faire la différence par votre pertinence et la qualité de vos actions et de votre utilisation des outils collaboratifs. Et vous saurez surtout être à votre juste place, choisir le juste ton et être vous-même, ni plus ni moins. L'efficacité est à ce prix et s'affranchit des recettes miracles puisées ici où là.

Image et réputation, attention à la précipitation !

La naïveté et le hasard n'ont pas leur place dans la construction de votre image digitale. Il s'agit de la première impression que vous donnerez aux internautes et, de ce fait, aux recruteurs. Il convient d'aborder les outils numériques avec le même professionnalisme, la même préparation et la même rigueur que votre CV ou votre lettre de motivation.

Impulsif, Demandeur, Explorateur ou Stratège, à l'aide de quatre exemples concrets, nous allons à présent analyser l'impact qu'une communication hasardeuse et précipitée sur le Net pourrait avoir sur votre réputation digitale.

Créer un profil « sans stratégie d'action », avec l'Impulsif

Pierre est en poste et désireux de donner un petit coup de pouce à l'évolution de sa carrière, il souhaite se rendre plus visible. Il n'a que peu de temps à consacrer à l'utilisation d'Internet et a une fâcheuse tendance à fonctionner par à-coups. Il a entendu parler des réseaux sociaux professionnels, des plateformes e-CV, de Twitter. Il n'a aucune stratégie mais il veut absolument « en être » car il craint de passer à côté de sa chance. Aussi, et sans se douter du temps que cela lui prendra, il entreprend de créer son profil sur LinkedIn entre midi et deux. Au bout d'une heure, il a commencé un début de profil, hésité longuement sur le titre, sur son parcours, cherché en vain une photo convenable dans ses archives personnelles. Il a surtout cliqué à droite, cliqué à gauche, parcouru les profils de ses collègues et de son patron… À 14 heures, il doit reprendre ses activités professionnelles et abandonner la construction de son profil, renseigné à 30 % et sans photo. Soulagé et plutôt satisfait de lui, il n'a pas encore compris toutes les fonctionnalités de l'outil mais il est persuadé que l'essentiel est d'y être présent. « Ça y est moi aussi j'ai un profil ! Il n'est pas tout à fait complet mais ce n'est pas grave. Ce qui compte c'est que l'on me trouve. D'ailleurs j'ai déjà six contacts, c'est dingue comme ça va vite. Même mon boss est déjà venu voir mon profil ! »

Le souci de Pierre, au-delà d'une absence de stratégie, c'est son manque de disponibilité. Il vient de s'inscrire sur un réseau mais il part en déplacement pour trois semaines et ne retouchera pas son profil d'ici là. En réalité, Pierre mettra plusieurs mois avant de terminer sa présentation, et encore, il n'ira jamais vraiment au bout de l'exercice. Il collectionnera des contacts divers et variés, échangera parfois en direct avec des personnes au sein de groupes, sans jamais prendre le temps d'écrire un texte de présentation pour exprimer son projet, son positionnement ou ses expertises. Avec curiosité, il visitera les profils des autres, consultera des offres de postes de temps à autre. Sa présence sera irrégulière et son activité sans réelle valeur ajoutée en termes de gestion de carrière.

Quel impact sur sa réputation ?

Du point de vue de son employeur

Pierre est loin d'incarner le cadre dynamique, l'expert référent auquel son supérieur hiérarchique actuel pourrait avoir envie de confier une nouvelle mission à fort enjeu stratégique. Il reflète une forme d'immobilisme, d'absence de projet, voire de non-investissement professionnel. Son patron n'a ni la possibilité de percevoir ses motivations d'évolution de carrière, ni même de découvrir quelles compétences il pourrait exploiter en plus de celles utilisées actuellement dans le cadre de ses fonctions.

Du point de vue d'un recruteur externe

Une chose est sûre, et sauf un coup de chance, ce ne sont pas les mots-clés qui auront amené un recruteur à consulter le profil de Pierre ! L'image que se fera un recruteur qui ne connaît pas encore Pierre ne pourra être ni « pertinente » ni « valorisante ». Pire encore, on est en droit de craindre un manque d'intérêt de sa part pour une nouvelle opportunité. Quant à ses capacités à appréhender les nouvelles technologies et à les utiliser pleinement, elles sont sérieusement discutables.

D'un point de vue général et avec une telle approche des réseaux sociaux, l'image de Pierre sera celle de quelqu'un qui n'est pas suffisamment investi dans sa carrière et peu structuré dans sa démarche *networking*. On n'accordera que trop peu de crédit à ses commentaires et enfin, on ne le connaîtra pas suffisamment pour entamer une vraie relation *via* cet outil. Les opportunités « réelles » seront rares ou resteront le fruit du hasard.

Des conseils pour ce profil

Si vous vous reconnaissez dans les traits de Pierre, et dans son approche épisodique des outils du Web, avant toute chose :

- Prévoyez du temps de préparation avant même de créer votre profil.
- Définissez un projet clair et identifiez votre marché cible.
- Rédigez une présentation de profil en cohérence avec votre projet.
- Mettez en place une stratégie puis, et seulement après, adaptez vos outils.

.../...

- Rajoutez impérativement une photo de qualité (minimum 200 × 200 pixels par exemple sur Linkedin ou Viadeo).
- Complétez votre profil d'éléments *pertinents* (rajoutez les mots-clés, enrichissez le parcours professionnel en valorisant les expériences clés. Ne négligez pas l'expérience en cours et l'entreprise dans laquelle vous évoluez).
- Soyez plus sélectif dans votre réseau ; ne cherchez pas la quantité mais la qualité.
- Orientez votre profil en mode « avenir ». Prenez soin de vous faire repérer pour les compétences que vous souhaitez mettre en œuvre à l'avenir et non plus seulement pour celles que vous exercez à ce jour.
- Soyez régulier et constant dans vos démarches.

Créer un profil « Urgent, en recherche active » avec le Demandeur

Louis, appliqué et discipliné, n'a qu'un objectif : retrouver un emploi et le plus vite possible… et cela se voit. Organisé, il prend soin de créer son profil sur LinkedIn et de le dupliquer sur Viadeo. Son CV ainsi que ses modèles de lettres de motivation enregistrés sur clé USB lui permettent de jongler d'écran en écran et ainsi de copier-coller son CV sur les deux réseaux en un temps record. En guise de titre de profil, il communique un message on ne peut plus clair « EN RECHERCHE ACTIVE ». Après plusieurs hésitations et au vu de la place disponible dans la partie présentation, il rajoute également « Ouvert à toute proposition, DISPONIBLE IMMÉDIA-TEMENT ». Ses mots-clés sont consciencieusement renseignés, par ordre alphabétique. Il a également inséré la photo de son CV. À part quelques structures phares du recrutement, il n'a pas souhaité suivre d'entreprises. Il ne se voit pas discuter avec des gens qu'il ne connaît pas. Il le fera plus tard peut-être, mais son urgence est actuellement ailleurs. Il a lu quelque part qu'il fallait avoir un CV Douyoubuzz. Il n'en voit pas l'intérêt car il vient déjà de le déposer sur LinkedIn, Viadeo et sur son profil Apec. Mais comme la démarche est gratuite et rapide, il accepte de créer son e-CV dans la foulée. Le résultat est esthétique. Il peut rajouter sa situation de famille, son permis B ainsi que le fait qu'il possède un véhicule. C'est plutôt bien fait. Son profil terminé, il le dépose sur Cadremploi et d'autres sites où il est déjà inscrit. En à peine une demi-journée Louis a finalisé ses trois profils. « Je ne pense pas que l'on puisse vraiment trouver un emploi avec les réseaux sociaux professionnels, mais au moins mon CV sera plus visible. Ce sont des vitrines importantes sur le Web. Ainsi les recruteurs me trouveront plus facilement sur Google et c'est ce qui compte. Tout se joue sur Internet maintenant, alors je suis présent et je me tiens prêt ».

Quel impact sur sa réputation ?

Du point de vue d'un recruteur

Cela ne fait aucun doute, Louis est disponible pour un nouveau poste. Lequel ? Peu importe, il supplie qu'on lui confie un emploi, et vite ! Discipliné, appliqué, rigoureux ? Cela ne fait aucun doute. Mais ce qui ressort avant toute chose, c'est qu'il est désespéré et prêt à tout accepter ! Au-delà du fait que le profil de Louis manque cruellement de personnalisation et qu'il semble retranscrire son CV de manière scolaire et sans s'adapter au support, ce qui interpelle en premier lieu c'est le titre. Hélas, cette situation n'est pas rare, car la préoccupation principale d'un demandeur est que l'on sache qu'il est libre et disponible.

Le souci, c'est que ces précisions « EN RECHERCHE ACTIVE » « DISPONIBLE IMMÉDIATEMENT » ou encore « Étudie toute proposition » provoquent l'effet inverse de celui recherché, et ce pour trois raisons principales :

- Elles ne font que retranscrire l'angoisse que ressent le demandeur d'emploi face à la difficulté de retrouver un job.

- En se substituant à un titre percutant, ces informations prennent la place précieuse de mots-clés déterminants pour la remontée du profil dans les recherches de tiers. Un recruteur en recherche d'un profil va entrer des mots-clés tels que « directeur commercial » « responsable informatique », mais en aucun cas « en recherche active ». Il est à noter que nombre de recruteurs tapent aussi leurs mots-clés en mettant par exemple « direction commerciale » à la place de « directeur commercial ».

- En écriture Web, écrire en majuscule s'apparente à crier. Cela peut paraître, agressif mais surtout dans ce cas de figure « désespéré ». Et qui dit désespéré, dit prêt à tout.

« Disponible immédiatement ou non », si le profil de Louis plaît et correspond au recruteur, cette précision n'aura que peu d'influence sur sa perception de lui. Il vaut mieux utiliser cette information comme « la cerise sur le gâteau » et ne pas inverser l'importance des informations.

D'un point de vue général

Grâce à son caractère appliqué, Louis possède la capacité de rectifier le tir à tout moment, pourvu qu'on lui explique comment faire. Ce qu'il veut est très simple : retrouver vite un emploi. Seulement de nos jours, rechercher un emploi prend du temps plus qu'on ne l'imagine. La moyenne statistique pour avoir un nouveau job varie de six à douze mois, mais ce n'est qu'une statistique précisons-le, et cela dépend bien entendu du métier et du secteur recherchés. De plus, même si avec Internet tout semble aller très vite, utiliser les outils du Web 2.0 pour rechercher un emploi nécessite un temps indispensable de prise en main. Construire son réseau ne se fait pas du jour au lendemain. On ne peut pas exiger un résultat tout de suite sous prétexte que l'on est très motivé ! Une attitude tout aussi investie mais plus modérée permettrait à Louis de se concentrer sur la qualité du message de sa marque personnelle, sur la présentation de ses compétences et de son projet.

Des conseils pour ce profil

Si vous vous reconnaissez dans les traits de Louis, « en demande d'un emploi » et dans son approche « disponible IMMÉDIATEMENT », nul ne sera en mesure de contester votre motivation. Par contre, concernant la stratégie et l'image de marque, quelques conseils précieux vous permettront de construire une communication plus efficace et plus pertinente. Pour reprendre confiance en vous et communiquer en professionnel, veillez à suivre les étapes suivantes :

- Prenez le temps de découvrir votre marque personnelle.
- Identifiez vos forces et votre valeur ajoutée.
- Apprenez à exister professionnellement même en dehors d'une entreprise.
- Construisez puis faites valider votre projet auprès de votre réseau.
- Bâtissez un plan de communication.
- Incarnez fièrement votre projet et vos atouts auprès des professionnels.

Devenir un profil « hyperactif 2.0 » avec le profil Explorateur

« Nathalie ou l'énergie vient des autres ». Femme de contact, en recherche active, elle est presque ravie de cette transition professionnelle tant elle est enchantée de se reconnecter à son réseau ou encore de le développer. Non seulement elle a du temps pour cela, mais en plus elle y consacre toute son énergie. Généreuse dans ses relations, elle retrouve dans les réseaux sociaux ce sens du partage et de la solidarité qu'elle affectionne tant. À peine inscrite, son profil est complété à 100 %. Elle prend un immense plaisir à s'inscrire dans des groupes de discussion dès le premier jour, y allant instinctivement de ses commentaires. Pratiquer les réseaux en ligne est devenu son activité quotidienne favorite. Elle comprend vite que, de par son positionnement, il lui faut être « présente » sur LinkedIn et également sur Viadeo. Elle ouvre rapidement un compte Twitter et suit les abonnés les plus influents, ce qui lui permet de ne laisser passer aucune information et de s'établir en relais de contenu de premier choix pour son réseau. « Le Web 2.0 ? Je trouve ça fantastique ! J'échange avec des personnes aux quatre coins du monde sur des sujets passionnants, j'ai même permis à une étudiante indienne d'entrer en contact direct avec le DRH d'une des entreprises dans laquelle j'ai travaillé, et elle a décroché un stage pour cet été ! J'assiste à des séminaires, je rencontre des gens, je n'arrête pas ! Je n'ai pas l'impression d'être au chômage, je suis en contact permanent avec mon marché, rien ne m'échappe ! » Adepte du 2.0, elle entreprend également de sensibiliser son entourage en proposant des séances d'initiation personnalisée à qui en formulera le besoin, notamment à son ancien supérieur hiérarchique qui, suite à l'une de ces séances, s'est vu contacter sur Viadeo et proposer un poste dans la foulée.

Quel impact sur sa réputation ?

Du point de vue d'un recruteur

Au-delà de son profil soigneusement complété, un recruteur sera immédiatement séduit par son attitude positive et spontanée au sein des groupes de discussion. Sa photo de profil souriante et avenante invite volontiers à la prise de contact directe. Nathalie possède l'image d'une professionnelle avec un très bon niveau d'expertise dans plusieurs domaines à la fois et dotée d'un excellent réseau professionnel.

D'un point de vue général

Grâce à son activité sur Internet, Nathalie possède une très bonne e-réputation. Sa réactivité, sa disponibilité, sa disposition à apporter son aide sont autant de qualités appréciées par l'ensemble de son réseau. Avec son travail d'investigation, elle a raison de dire que rien ne lui échappe sur le Web. Rien, sauf peut-être l'objectif final de ses démarches. La difficulté de Nathalie est de parvenir à canaliser toute cette énergie qui afflue au fil des échanges et à se recentrer sur son projet. Elle est active, elle rencontre du monde et elle est sollicitée pour des conseils. Elle donne facilement son avis et elle adore ça. Elle en oublie même qu'elle n'est plus en poste. L'activité sur les réseaux sociaux, même professionnels, a la fâcheuse tendance à prendre beaucoup de temps au détriment d'autres activités importantes liées à une recherche d'emploi.

Des conseils pour ce profil

Si vous vous reconnaissez dans les traits de Nathalie, dans son approche « à fond sur le 2.0 », vous possédez de sérieux atouts, car vous êtes naturellement disposé à aller à la rencontre de l'autre et de votre marché cible. En revanche, attention à ne pas vous écarter de votre objectif initial. Même si vous possédez une excellente réputation ainsi qu'un important réseau, votre objectif reste flou et votre stratégie de communication autour de votre projet est inexistante. Bien sûr, un recruteur pourra grâce à votre présence et à votre activité, vous identifier et vous contacter afin de vous proposer une belle opportunité. Mais lui laissez-vous seulement entrevoir l'ombre de l'une de vos aspirations pour l'amener à vous faire « la » proposition qui vous correspond pleinement ? Les membres de votre réseau savent-ils tous que cette brillante personne avec laquelle ils échangent régulièrement est actuellement en recherche d'emploi ? Si vous avez tendance à l'oublier vous-même, pourquoi en serait-il autrement de votre réseau ? Qu'en est-il de votre motivation profonde à atteindre votre objectif ? Pensez-vous incarner pleinement votre projet professionnel ou bien se retrouve-t-il relayé au second plan ?

Pour vous assurer de ne pas prendre ce risque :

- Rédigez une présentation de profil de type « offre de service » pour promouvoir votre projet professionnel.

- Mettez en avant votre profil « emploi » avec un lien e-CV sur vos profils réseaux.

.../...

- Délimitez un temps d'actions Web chaque jour en prenant soin d'alterner toutes les facettes d'une recherche d'emploi efficace dans la semaine.
- Construisez un plan de communication en cohérence avec votre projet.
- Maintenez une activité recherche d'emploi plus traditionnelle en parallèle du Web.
- Rappelez-vous qu'Internet est au service d'un travail d'investigation « sur le terrain ».
- Donnez du sens à vos actions, concentrez votre réflexion sur votre objectif final.
- Créez-vous une carte de visite à laisser après chaque rendez-vous.

Entretenir un profil « 2.0, seul avec tous », avec le profil Stratège

Nadège, la stratège née, a toujours un coup d'avance. À l'heure où Louis, Nathalie et Pierre se décident à créer leur profil sur les réseaux sociaux et commencent à intégrer l'idée du *personal branding*, Nadège est déjà dans le rayonnement de sa marque personnelle. Elle participe à des discussions, twitte, skype, conseille en vidéo, rédige des articles sur son blog personnel et entretient son réseau de façon réfléchie et stratégique. *On brand* en permanence. Elle est avide de nouveauté et prend plaisir à tester les outils du Web pour promouvoir ses découvertes et son image auprès de son réseau. Classée dans la catégorie des « innovateurs, premiers adeptes et influenceurs » du Web, elle se préoccupe de son e-réputation consciente de l'impact que cela représente pour sa carrière. Elle a une vision claire de l'évolution de son environnement professionnel et de celle qu'elle souhaite donner à son métier et elle met tout en œuvre dans ce sens. Sa stratégie sur les médias sociaux diffère de l'utilisation de masse en ce sens où elle a compris depuis longtemps qu'il fallait garder son libre arbitre et décider par soi-même du quand, quoi, où et comment communiquer sur son positionnement professionnel. Elle fait souvent « cavalier seul » car elle ne supporte pas l'inertie et le manque de créativité professionnelle. Elle se préfère en éclaireuse plutôt qu'en suiveuse endormie. « Internet a bouleversé tous les marchés, tous les business. Le monde est devenu plus petit et plus accessible aussi. Tous les métiers sont impactés également. Ce n'est ni le moment de s'endormir ni d'hésiter. Le Web 2.0 c'est ici, c'est partout, dans nos entreprises, dans nos objets, et c'est le moment de tout réinventer ! »

Quel impact sur sa réputation ?

Du point de vue de son employeur

Nadège est connue et reconnue pour l'ensemble de ses compétences et pour sa lecture des tendances du marché. Elle est une référence dans son domaine pour ses supérieurs hiérarchiques mais également pour ses collègues. Elle est souvent consultée pour apporter son éclairage et son expertise. Son avis, bien que parfois un peu trop « visionnaire » au goût de certains, est toujours écouté attentivement et souvent pris en compte (tôt ou tard). En avançant plus vite que les autres et en anticipant trop, Nadège peut inquiéter son employeur ou sa hiérarchie directe qui craignent de la voir partir sous d'autres cieux professionnels, ou tout simplement de ne pas être prêts eux-mêmes pour le changement qu'elle réclame. Elle n'est également pas du genre à renoncer et elle est mal à l'aise dans l'exercice de l'immobilité. Sa faculté à avancer seule, à parler en son nom propre et à poursuivre ses idées peut passer pour de l'insubordination.

D'un point de vue général

Nadège est très appréciée. « Professionnelle, innovante et généreuse » sont les termes qui reviennent le plus souvent pour la qualifier. Très pertinente dans sa communication, elle s'est fait un nom au sein d'un noyau d'experts dans son domaine, véritable réseau de qualité. Mais Nadège inquiète…

Des conseils pour ce profil

Si vous vous reconnaissez dans les traits de Nadège, « visionnaire sur le Web » et dans son approche « connectée et à l'écoute 2.0 », vous possédez d'excellents atouts pour exploiter efficacement Internet dans la gestion de votre carrière. Vous êtes très à l'écoute de votre marché et de votre réseau professionnel, et le Web vous offre les outils rêvés pour nourrir au quotidien et en flux continu votre soif de connaissance, d'échange et de nouveauté. De nature à anticiper et à vous projeter régulièrement dans l'avenir, votre histoire de vie professionnelle fait sens, vos objectifs sont clairement définis et vous vivez en

.../...

parfaite cohérence avec vous-même. Il n'y a rien à redire sur votre approche du Web ; vous êtes dans votre élément. Ceci dit, vous avancez peut-être un peu trop vite pour votre environnement professionnel proche. Sensible à votre image et à ce que pense de vous votre employeur, vous n'aimeriez certainement pas qu'il se sente, par vos initiatives personnelles, devancé, peu respecté, voire trahi. Certes le monde a changé, les rapports employeurs-employés évoluent également vers une plus libre expression et plus de collaboration. Le salarié prend les rênes de sa propre carrière. Nous entrons dans l'ère de l'intelligence collective et de l'individualité créative, propice à l'innovation. Vous l'avez clairement compris et c'est formidable ! Mais si vous prenez le temps d'observer autour de vous, le fonctionnement de l'entreprise dans laquelle vous évoluez n'a pas encore bougé à ce point. Le Wifi est juste arrivé dans vos locaux, on commence à murmurer du bout des lèvres le terme 2.0 dans les couloirs, le *cloud* fait timidement son apparition, votre collègue Stéphane vient de créer son profil Viadeo et vous sollicite comme contact ! Peut-être avez-vous trop le regard fixé sur l'avenir et plus assez sur le présent, là où se trouve l'entreprise dans laquelle vous exercez aujourd'hui. Pour ne pas frôler la crise diplomatique vous pouvez travailler sur votre communication interne de la façon suivante :

- Identifiez les « malentendus » et listez les points de divergence entre votre état d'esprit et la perception que votre entourage se fait de vous.

- Adressez un message clair sur vos intentions et votre position auprès de votre employeur : expliquez en quoi votre communication numérique n'est pas incompatible avec votre fonction dans l'entreprise.

- Rassurez, informez : créez des contenus qui mettront en avant votre entreprise dans votre dynamique professionnelle.

- Adaptez votre communication, vos outils en fonction de votre environnement (interne ou externe à l'entreprise).

- Proposez votre aide à vos collègues et participez aux chantiers de changement dans lesquels vous pouvez apporter votre plus-value.

Ces quatre cas d'école montrent l'importance d'entamer un travail de réflexion et de préparation avant de communiquer sur son projet ou son positionnement professionnel, et ce quel que soit son « profil ». Le hasard et la précipitation sont à bannir définitivement du langage de la communication Web. À l'instar de la tortue dans la célèbre fable de La Fontaine, « rien ne sert de courir », mieux vaut au contraire prendre le temps de construire sa communication et sa stratégie avant de se lancer dans la course. L'histoire d'Internet encore très jeune à l'échelle de l'humanité, comporte déjà beaucoup de petits lièvres imprudents et sans doute trop pressés, qui se sont fait stopper en plein élan par la dure et puissante réalité. Les *bad buzz*, en matière de CV notamment, ont un palmarès mondial hilarant pour les uns mais catastrophique pour ceux qui sont concernés.

Bâtir sa communication de marque personnelle

Une marque personnelle ne se crée pas, elle se révèle à mesure que l'on recherche en soi l'essence unique de ses composantes. Honnête et authentique, elle donne du sens à nos projets. Pour créer le désir, il faut avoir un projet clair et essayer d'y faire adhérer la communauté de ceux qui sont susceptibles d'en favoriser la réalisation. Au-delà d'un parcours professionnel, d'une liste de diplômes et de compétences, qu'est-ce qui nous distingue vraiment et en quoi sommes-nous différents des autres ? Là où tout le monde s'attend à ne trouver que présentations standardisées, écran digital froid et conversations de clavier aseptisées, une marque personnelle se distingue sur le Web par ce qu'elle a de plus humain et de plus singulier.

■ Communiquer sur sa propre marque au-delà des clichés, des codes sectoriels et culturels

Nous abordons un angle encore peu conscientisé de l'évolution du monde du travail en matière d'image professionnelle : posséder sa propre identité de marque, ses propres valeurs et non plus seulement celles de l'entreprise dans laquelle nous évoluons mais aussi celles où nous évoluerons demain. Les deux marques « employeurs » et « employés » cohabitent et cohabiteront désormais en parallèle. Elles échangeront souvent sur les mêmes espaces et se nourriront l'une et l'autre au fil des actualités et des sujets d'expertises abordés. Que l'on soit Demandeur, Explorateur, Impulsif ou Stratège, avec Internet nous avons la parole et des outils toujours plus intuitifs pour incarner notre marque et véhiculer notre message. Identifier et communiquer sur sa marque personnelle n'est pas réservé aux narcissiques en mal de notoriété ou autres *ego* surdimensionnés qui rêvent de se voir en haut de l'affiche. Ce n'est pas non plus un privilège réservé aux grands de ce monde et aux cadres supérieurs exclusivement. Il s'agit simplement d'une réponse logique à un marché du travail, et plus largement des affaires, dont les codes évoluent à mesure qu'Internet en devient le média privilégié.

Quelques composantes qui nourrissent votre marque personnelle :

- vos prénoms et votre nom ;
- votre photo ;
- vos valeurs ;
- votre métier ;
- votre mission ;
- votre projet ;
- votre promesse ;
- votre message ;
- votre histoire de vie ;
- votre parcours ;
- vos compétences ;
- vos atouts ;
- votre valeur ajoutée ;
- vos couleurs ;
- votre langage ;
- etc.

■ Votre Passeport de marque personnelle©

Avant de vous orienter dans la sphère du Web collaboratif, nous vous proposons de vous prêter à quelques exercices visant à :

- identifier certaines composantes de votre marque personnelle ;
- identifier vos priorités de communication de marque ;
- choisir vos outils de communication *online*.

Nous vous proposons de découvrir ci-dessous un espace « Passeport de marque personnelle » que vous pourrez compléter au fil des étapes et découvertes sur votre marque.

⇨ **Accédez à votre passeport personnalisable sur notre site Web**

■ Valoriser son capital professionnel

Pour développer des interactions pertinentes sur le Web, il est essentiel d'aller au-delà d'une visibilité de façade et d'exprimer son positionnement ou de construire un projet professionnel, de façon claire et cohérente.

Cela commence par la nécessité de bien vous connaître professionnellement, ce qui vous permettra d'identifier vos atouts ainsi que l'environnement de travail le plus propice à votre épanouissement.

Pour mieux les valoriser sur Internet, comment repérer et lister les temps forts de mon parcours professionnel ?

Porter attention aux temps forts de son expérience professionnelle, qu'ils soient positifs ou négatifs, permet de repérer ses facteurs de satisfaction et d'insatisfaction et d'en tenir compte dans l'établissement du cahier des charges de son projet professionnel.

Une démarche de valorisation en trois temps

***Temps 1 :* faites votre baromètre professionnel**

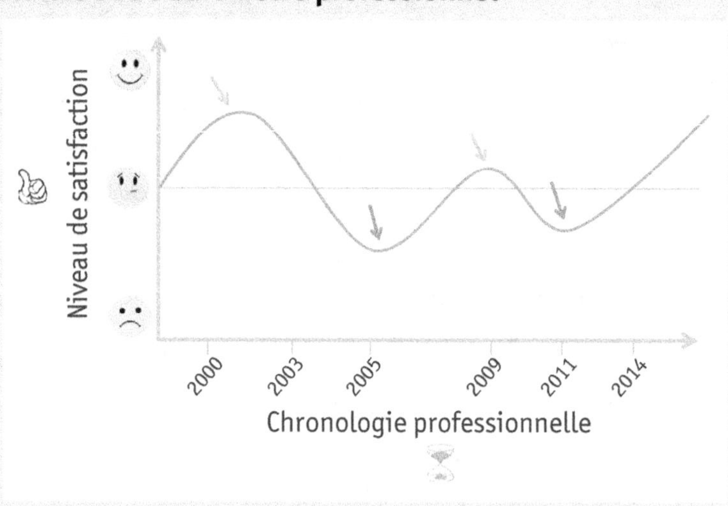

.../...

En reprenant la chronologie de votre parcours, tracez votre courbe de satisfaction professionnelle. Inscrivez les différentes étapes de votre parcours sur la ligne « Chronologie professionnelle ». Pour chaque étape :

- relevez votre niveau de satisfaction (sur une échelle de 0 à 10 : 0 = insatisfaction totale ; 5 = satisfaction neutre ; 10 = grande satisfaction) ;
- reliez les différents points en une courbe globale.

Temps 2 : analysez les aspérités positives (et négatives)

À partir du baromètre établi, livrez-vous à un travail de réflexion autour des pics positifs (et négatifs) les plus saillants.

Par exemple, un pic positif peut faire émerger votre plaisir à relever de nouveaux challenges, à travailler en équipe, à bénéficier d'une vraie délégation de la part de votre N + 1, à développer une stratégie marketing…

A contrario, un pic négatif peut identifier une solitude professionnelle, un environnement difficile, une marque qui porte des valeurs contraires aux vôtres. Autant d'informations utiles pour déterminer ce que sera idéalement votre futur professionnel.

Temps 3 : dressez la liste de vos amplificateurs (et filtres) et reliez-les en une phrase

Sur la base de la réflexion que vous avez engagée, synthétisez et consignez tous les facteurs constitutifs de votre satisfaction (et insatisfaction) professionnelle.

- **Listez vos amplificateurs professionnels** : tous les éléments qui vous mettent en « dynamique positive ». Il s'agit, en quelque sorte, de votre « carburant écologique » ou de votre source de motivation professionnelle.
- **Listez vos filtres professionnels** : tout ce qui vient perturber la dynamique positive. Ce sont des polluants qui nuisent à votre motivation professionnelle.

Exemple

Amplificateurs *Carburant motivationnel !*	Filtres *Polluant motivationnel !*
Réflexion stratégique	Un travail en solitaire
Un challenge à relever	Pas de marge de manœuvre
La confiance de ma hiérarchie	Un travail routinier
Une équipe de 5 personnes formidables	

…/…

En reprenant les principaux termes exprimés, reliez-les en une phrase de mise en perspective qui viendra donner du relief au métier que vous souhaitez exercer, et les conditions dans lesquelles vous souhaitez l'exercer. Par exemple : « En disposant d'une réelle marge de manœuvre, je souhaite mettre mon sens stratégique au service de challenges variés à relever, en manageant une équipe restreinte ».

Comment mettre en valeur les preuves de mon expertise professionnelle ?

Formaliser ses réalisations professionnelles, c'est faire l'inventaire de son patrimoine professionnel pour mener une réflexion de « bilan professionnel » et identifier clairement ce que l'on a aimé faire ou non.

Ce travail permet également de justifier de ses compétences et d'apporter des preuves concrètes et tangibles de son expertise.

La « version courte » des réalisations constitue une accroche de choix (écrite ou orale) pour susciter l'attention de ses interlocuteurs.

C'est donc à la fois un travail de réflexion et d'argumentation.

Qu'est-ce qu'une « réalisation » ?

Dans un contexte donné, face à un problème, une responsabilité ou un objectif, vous avez mis en place une série d'actions qui ont entraîné un résultat. Ces réalisations, logiquement regroupées, vous permettront de mettre en lumière vos domaines de compétences.

Nous vous proposons maintenant de passer à l'écriture de vos réalisations. Une vingtaine de lignes suffiront pour exprimer chacune d'elles.

En quatre à cinq lignes, précisez le contexte de la réalisation, ce qui a entraîné sa mise en œuvre.

« Nous sommes en 2005 je viens d'être promue responsable des bases de données de ma société. À chaque campagne de marketing direct, il y a un taux de retours NPAI (N'habite pas à l'adresse indiquée) considérable. Cela impacte les résultats de la campagne,

et génère d'importants surcoûts en frais d'affranchissement et de traitement. Ma direction me demande de remédier à ce problème. »

Ensuite, prévoyez une quinzaine de lignes pour décrire ce que vous avez fait, sans rédaction littéraire ; contentez-vous de lister vos actions.

« J'établis un comptage des milliers de NPAI par des CAT (centre d'aide au travail). J'annonce le taux : 10 % sur 5 millions de mailings.

Je vérifie les process et les fais modifier car je me rends compte de deux choses : les fichiers ne sont pas dédoublonnés et le bloc adresse est mal positionné dans l'enveloppe à fenêtre.

Je mets en place une formation que je délègue à mon équipe pour chaque nouvelle personne devant utiliser la base et mets en place deux ou trois requêtes pour la vérification chaque jour des saisies externes.

Je me renseigne auprès de notre prestataire pour la mise en place d'un traitement automatique. Après discussions, devis et accord, les process sont lancés. Par contre je souhaite un traitement efficace en interne donc je fais développer par la DSI un système de topage automatique avec des règles de vérifications que j'établis pour que ce soit optimal. »

Enfin, précisez en deux à trois lignes le résultat obtenu. Il doit être le plus précis, concret et factuel possible. Ce résultat peut être quantitatif, lorsqu'il est chiffrable : chiffre d'affaires, marge, baisse d'un coût, gain de part de marché, amélioration d'un délai, amélioration d'un ratio significatif, etc.

Il peut aussi être qualitatif, lorsque son résultat n'est pas exprimable par une donnée chiffrée : climat social, communication, choix d'un système, etc.

« Au bout de six mois, le taux de NPAI est passé de 10 % à 5 %. L'économie engendrée est supérieure à 300 K€ (affranchissement, coût du papier, enveloppe, mise sous pli…) mais nous notons également une amélioration de notre image auprès de nos prospects et clients, une baisse des plaintes, et des demandes de personnes ne souhaitant plus rien recevoir… »

Et pour terminer, exprimez votre réalisation en accroche de deux lignes environ :

« En tant que responsable de bases de données, j'ai fait réaliser une économie de plus de 300 000 euros par an à une entreprise, en diminuant de moitié le taux de retours postaux, tout en contribuant à améliorer sensiblement l'image de la société. »

Nos conseils pour établir la liste de vos réalisations

- Rédigez plutôt des réalisations récentes, s'inscrivant dans vos dernières années d'expérience.

- Variez les réalisations : elles doivent être représentatives de l'ensemble de vos savoir-faire.

- Vous pouvez chercher quelques réalisations extraprofessionnelles significatives.

- Assurez-vous que cette liste est exhaustive et représentative de votre patrimoine professionnel, c'est-à-dire ce que vous avez accompli d'important ces dernières années.

Réalisation n° :
Titre ou thème :

CONTEXTE (problème, enjeux, contraintes, responsabilité ou objectif).

→ Théâtralisez ce contexte. Vous devez pouvoir formuler le problème en une ou deux phrases.

ACTIONS : explication des actions entreprises (logique, progressive et itérative).

→ Précisez en quelques points les différentes étapes de VOTRE action, ce que VOUS avez mis en œuvre. Un verbe d'action par phrase, une phrase par idée, une idée par phrase.

– Je …

– …

– …

RÉSULTAT(S) OBTENU(S) (conséquence des actions pour votre entreprise/ organisme, votre entité, vous-même).

→ Réponse positive au problème, en ligne avec le titre.

ACCROCHE (version courte).

→ En deux lignes, reprenez l'essentiel du problème et des résultats obtenus.

Comment établir la liste de mes compétences ?

Les compétences constituent le patrimoine professionnel de chacun. En partant des réalisations que vous avez décrites plus haut, vous allez maintenant pouvoir établir la liste de vos compétences. Nous vous proposons ici de reprendre la description de vos actions puis de les noter en utilisant un verbe à l'infinitif.

Comment lister ses compétences

« Je vérifie les process et les fais modifier » donnera : « Vérifier des process et les optimiser. »

Il y a deux idées sur une ligne de compétence ? Faites-en deux compétences, et donc deux lignes. Il vous suffit maintenant de répertorier toutes ces compétences sur un fichier Excel.

Exemple

- Constituer un réseau de journalistes de presse grand public et spécialisée écrite et audiovisuelle.
- Entretenir un réseau de journalistes de presse grand public et spécialisée écrite et audiovisuelle.
- Manager une équipe de cinq collaborateurs.
- Répartir les tâches entre plusieurs collaborateurs.
- Recruter des collaborateurs.

Une fois que vous avez établi votre liste de compétences, vous pouvez les classer par thématique.

Les quatre grandes familles de compétences et leurs sous rubriques

Les compétences managériales

Organiser, décider, communiquer, contrôler, motiver, orienter, changer, gérer, négocier, former, développer...

Les compétences techniques

Gestion, finances/comptabilité, R&D, production, logistiques, achats, vente, export, marketing, communication, ressources humaines, système d'information, juridique/fiscales...

Les compétences sectorielles

Secteur d'activité, circuit de distribution, zone, divers.

Les compétences spécifiques

Langues, formations professionnelles, bureautique, publications...

⇨ **QRCode : les quatre grandes familles en détail**

Quelles compétences privilégier pour servir ma présentation professionnelle ?

Un projet professionnel est légitime dès lors que l'on dispose des compétences nécessaires pour le mettre en œuvre. Lorsque l'on n'a pas d'idée précise de projet professionnel, il est intéressant de « partir » de ses compétences en sélectionnant celles que l'on aime mettre en œuvre et que l'on maîtrise suffisamment pour convaincre son interlocuteur (le recruteur par exemple) de la pertinence du projet qui en découle.

Prenons l'image symbolique de deux rives traversées par un cours d'eau. Le passé professionnel, c'est la rive d'où l'on part, et sur l'autre rive se situe son avenir professionnel. Pour passer d'une rive à l'autre, il est nécessaire d'établir une passerelle, la plus solide possible :

- Si toutes les compétences sont mobilisées autour de l'avenir professionnel, elles peuvent alors constituer un fardeau et, sous le poids, faire plier l'ouvrage.
- Si aucune n'est choisie pour franchir le cours d'eau, la passerelle s'en trouvera fragilisée, au risque alors de se retrouver « le bec dans l'eau ».

Il est donc nécessaire de sélectionner les bonnes compétences pour aller de l'avant vers son futur professionnel, le pas léger mais la besace bien pourvue.

Sélectionner les bonnes compétences

Compétence	Note technique (Mon niveau d'expertise à mettre en œuvre cette compétence)	Note de cœur (Mon plaisir à exercer cette compétence)	Total
	1 : Faible 2 : Assistée 3 : Autonome 4 : Expert	1 : Faible 2 : Moyen 3 : Plaisir à faire 4 : Essentiel	**Score**
Rédiger des articles pour un journal spécialisé	3	3	6
Mettre en place un processus de recrutement	3	3	6
Piloter la communication corporate et institutionnelle	3	3	6
Faire du repérage pour un voyage de presse	3	4	7
Coordonner un voyage de presse	4	4	8
Structurer les méthodes de fonctionnement de la direction	3	3	6
Mettre en place un système de veille stratégique	3	3	6
Préparer le programme d'un voyage de presse	4	4	8
Piloter la mise en œuvre des partenariats par les différentes directions concernées	3	2	5
Vendre par téléphone aux journalistes le programme d'un voyage de presse	3	3	6
Recenser les journalistes à l'aéroport	4	4	8
Faire face à des changements de programme à la dernière minute	2	3	5

.../...

Compétence	Note technique (Mon niveau d'expertise à mettre en œuvre cette compétence)	Note de cœur (Mon plaisir à exercer cette compétence)	Total
Gérer la présence des journalistes lors d'un voyage de presse	4	4	8
Écrire des communiqués de presse	2	3	5
Écrire des dossiers de presse	2	2	4
Rédiger des éléments de langage courts	3	3	6
Rédiger des argumentaires plus longs	2	2	4
Suivre des projets émergents	3	3	6
Faire valider des documents stratégiques	4	3	7

Une fois votre tableau complété, faites une sélection des compétences qui obtiennent le meilleur score. Elles seront probablement à intégrer pour justifier votre positionnement professionnel.

Conseils pour une meilleure autoévaluation : soyez spontané dans l'attribution des notes et ne réfléchissez pas trop. Idéalement commencez par attribuer une note technique à chaque compétence, puis une fois que les notes techniques sont établies pour toutes vos compétences, passez alors aux notes de cœur.

Que faire si je n'ai pas vraiment de projet, si ce n'est retrouver du travail… ?

On entend partout parler de projet professionnel. Mais que recouvre exactement ce terme ? Faut-il avoir une idée vraiment originale pour parler de projet ? Et puis est-ce quand même légitime d'avoir comme projet de vouloir retrouver du travail ? Est-on finalement condamné à travailler sur un projet professionnel bien précis ?

Porter un projet professionnel ne signifie pas forcément que l'on a une idée extraordinaire. Les termes de « projet professionnel » recouvrent trois notions essentielles : un métier, une façon d'exercer ce métier, des dispositions particulières pour l'exercer.

Le « projet professionnel » a une connotation « futuriste », il se projette vers l'avant, dans un futur proche. S'il suffisait autrefois d'un CV et d'une lettre de motivation pour postuler à un emploi, la forte concurrence des candidats impose de nos jours d'en dire plus.

Vouloir être directeur de la communication d'une entreprise, c'est bien.

Vouloir développer une communication d'entreprise dans la perspective d'optimiser un retour sur investissement pour chaque action engagée est plus parlant. Apporter à une entreprise son expertise de *lobbying* en matière de communication publique est également plus précis.

En fait, cela consiste à exprimer l'angle sous lequel on souhaite exercer son métier, sa façon de faire, sa spécificité, sa plus-value…

À l'heure des réseaux sociaux, vitrine de l'exposition médiatique, on ne peut pas se permettre de faire évoluer son projet professionnel au gré du vent et des opportunités qui se présentent, et se déclarer motivé pour tout et n'importe quoi. La sincérité prévaut, c'est un gage de performance. Il vaut mieux « manquer un poste qui n'est pas pour soi » que s'acharner à tenter de l'obtenir ou, pire encore, faire croire au recruteur qu'il nous va comme un gant alors qu'il ne correspond pas réellement à notre projet. Finalement la concurrence exacerbée qui se joue sur le marché de l'emploi a ceci de bien qu'elle impose à chacun « d'annoncer la couleur », d'exprimer sa façon de faire et de voir…

Il s'agit là d'une véritable révolution du recrutement qui repositionne employeurs et candidats à un niveau d'équilibre. Ce n'est plus l'entreprise toute-puissante qui offre un emploi à l'heureux élu, mais bien un choix qui se fait de part et d'autre, plus sincère et plus mature. De plus, on le constate tous les jours, la notion de projet professionnel nourrit pleinement le *personal branding*.

Comment identifier des liens logiques dans mon parcours professionnel ?

Pour un profil optimal, il est utile de montrer son parcours à travers une logique professionnelle. Or il n'est pas toujours facile d'identifier des logiques de parcours professionnel, surtout si l'on a des expériences nombreuses et différentes à son actif. Travailler sur la recherche des grandes étapes évolutives de son parcours est à la fois un travail de bilan de ce que l'on a fait jusqu'à présent, mais également un travail de réflexion qui amène à identifier ou à scénariser des liens logiques qui n'apparaissent pas à première vue sur le simple listage de ses expériences. Exprimer les logiques de son parcours, c'est finalement aussi utile pour soi que pour séduire un recruteur.

Voici le SPOT, une méthode qui au-delà de son intérêt pour une présentation efficace de soi vis-à-vis des recruteurs, permet de mettre en évidence des passerelles évolutives dans son parcours professionnel. Il s'agit notamment ici de s'obliger à décliner son parcours professionnel en trois étapes :

- le temps de l'apprentissage ;
- le développement des expériences professionnelles ;
- le niveau d'expertise,

et d'identifier des logiques, entre ces différents niveaux de parcours, dans la perspective de se projeter vers d'autres rives (création de passerelles).

Un outil : la fiche SPOT© (se présenter objectivement en trois minutes)

A – PRÉSENTATION				
Nom	Prénom	État-civil	Formation	Diplômes

B – PROJET
Mon projet professionnel c'est de ...

C – Parcours professionnel				
Mon parcours professionnel s'est déroulé (idéalement) en trois étapes				
1re étape	De ... à	Informations	Exemple concret	Synthèse éventuelle de l'étape : compétences développées, appréciation...
2e étape	De ... à	Informations	Exemple concret	Synthèse éventuelle de l'étape : compétences développées, appréciation...

.../...

C – Parcours professionnel				
3e étape	De … à	Informations	Exemple concret	Synthèse éventuelle de l'étape : compétences développées, appréciation…

D – SYNTHÈSE GLOBALEMENT AMENANT AU PROJET

E – CONCLUSION (avec transmission de parole à interlocuteur)

⇨ **QRCode : exemple de réalisation SPOT**

Comment déterminer la pertinence de mon offre professionnelle et ainsi retenir l'attention des recruteurs ?

Avoir un projet professionnel, c'est bien. Encore faut-il qu'il soit solide, c'est-à-dire étayé de preuves de sa capacité à le porter, qu'il soit percutant pour retenir l'attention des recruteurs et qu'il réponde à un besoin réel sur le marché ou qu'il puisse, le cas échéant, susciter ce besoin.

Pour déterminer la pertinence de votre projet, voici le SWOT, un outil très utilisé en marketing.

SWOT signifie *Strengths* (forces), *Weaknesses* (faiblesses), *Opportunities* (opportunités) et *Threats* (menaces).

Afin de mettre en place une stratégie et de choisir les outils les plus adaptés pour porter votre projet, le SWOT vous permettra d'identifier et de lister les forces et les faiblesses de votre projet, et les opportunités et les points de vigilances sur le marché que vous visez. Ces informations sont très précieuses, elles mettent en valeurs les atouts clés sur lesquels vous allez pouvoir compter pour votre succès et les points de vigilance auxquels vous devrez rester attentif. Reportez chacune de ces listes sur votre Passeport de marque personnelle

Les forces et les faiblesses de votre projet professionnel

Ces données vous sont propres ce sont des facteurs internes qui vont vous aider ou au contraire vous freiner dans la réussite de votre projet.

Les opportunités et les menaces

Ces données sont propres au marché du travail ou à la conjoncture. Elles peuvent offrir des vents favorables à votre projet ou représenter une menace pour l'atteinte de votre objectif. Notez bien que tout ce que vous allez consigner dans cette partie sera le résultat d'une étude de marché que vous aurez menée de façon approfondie sur le terrain. Un véritable travail d'Explorateur !

	POSITIF Pour atteindre l'objectif	NÉGATIF Pour atteindre l'objectif
CANDIDAT ENDOGÈNE	FORCES S	FAIBLESSES W
ENVIRONNEMENT EXOGÈNE	OPPORTUNITÉS O	MENACES T

Comment identifier une véritable stratégie de positionnement ?

Ce qui se conçoit bien s'énonce clairement. Encore faut-il faciliter cette énonciation. Bien exprimer sa stratégie de positionnement professionnel, c'est donc avant tout bien la préparer.

Pour mettre en forme la réflexion stratégique que vous menez autour de votre positionnement professionnel, nous vous proposons ici une adaptation de la fameuse *copy strategy* utilisée en agence de publicité. Bien entendu, vous aurez tout intérêt à finaliser ce type de document de synthèse à la fois très stratégique et à visée opérationnelle, avec un professionnel de la gestion de carrière.

Professional copy strategy

La cible – les cibles	
Auprès de qui communique-t-on ? Développer la présentation de la cible en fonction de critères de segmentation plus qualitatifs.	**Exemples** Recruteurs, chasseurs de tête. DRH, dirigeants d'entreprise. Filiales de grandes entreprises secteur industriel, distribution, e-commerce. *Start-up*
La perception recherchée	
Quelle est la perception exacte de la personne, par la cible, que vous souhaiteriez atteindre ?	**Exemple** Une professionnelle de l'image et du management qui en maîtrise l'ensemble des disciplines : organisation, management, gestion, communication, coordination, communication interne et externe, sens de l'image et de l'esthétisme, sens du discours créatif, sens du résultat et du client, sens de l'humain, recul et maturité, réactivité, loyauté.
Le positionnement ou la promesse	
Que dit-on à la cible, en une seule phrase ? Que lui promet-on, quel est le message clé sur lequel la communication doit s'appuyer ? Quelle est l'*unique selling proposition* de la personne ? Ici, elle se positionne avec clarté, pertinence et originalité !	**Exemple** J'accompagne le développement de l'entreprise en organisant le travail et en fédérant les équipes autour d'un objectif commun.
Les justifications, ou preuves, ou *reasons to believe*	
Avec quels arguments pouvez-vous prouver le bien-fondé de votre promesse ? Quels sont les avantages concrets qui vous permettent de vous positionner ainsi ? Bref, listez ici les quelques éléments qui viendront soutenir le discours marque ou produit. Ce peuvent être des chiffres, des faits, des distinctions Ces arguments devront convaincre la cible !	**Exemples** • Mise en place (dont recrutement), développement et management de l'ensemble du département de la société x (2006 : 23 personnes – 2011 : 250 personnes réparties entre motions, *Webdesigners*, développeur flash, musiciens, *designers* événementiel, opérateurs vidéo, responsables *shooting*, régie, retoucheurs)/150 prestataires (photographes, coiffeurs maquilleurs, agences de mannequins, studios, imprimeurs, etc.).

...\...

Les justifications, ou preuves, ou *reasons to believe*	
	• Pilotage et coordination des choix créatifs pour les événements (près de 300 ventes/mois) ainsi que pour la communication corporate de la société X. • Suivi budgétaire. • Cadrage juridique : négociation, suivi et rédaction des cessions de droits, autorisations, etc. • Mise en place d'innovations technologiques et des méthodologies de travail en vue d'organiser et d'optimiser la production créative (automatisation de certaines activités, etc.). • Développement d'une nouvelle organisation dans le cadre d'un projet d'une création de *business unit* créative. • Conception et suivi de mise en place d'un ensemble de soixante studios photo, nouvelle organisation de l'activité. • Proposition et accompagnement à la création d'une cellule de planification, trafic contrôle.

Le bénéfice	
Qu'en retire finalement la cible ? Quel est, précisément, l'avantage qui sera le plus facilement perçu par la cible, directement en corrélation avec la promesse et les justifications ? C'est la partie du message qui doit rester en mémoire et qui donne toute sa valeur à la marque, aux yeux de la cible.	**Exemple** Optimiser la production.

L'axe de communication	
C'est votre approche, votre vision de votre métier. Elle servira de fil conducteur à votre communication. Les journalistes parleraient d'« angle » : c'est une manière d'orienter votre discours. Qu'est-ce qui vous semble important dans l'exercice de votre métier ? Les résultats ? Le travail en équipe ? L'innovation ? Attention à ne pas être trop restrictif ou trop vague.	**Exemple** Créer, communiquer, fédérer et organiser au service du meilleur résultat commercial.

Reportez dans votre Passeport de marque personnelle :

- le titre de votre projet professionnel (fonction visée) ;
- vos compétences clés ;
- les preuves que vous apportez (réalisations en version courte) ;
- votre marché cible ;
- vos amplificateurs ;
- vos filtres ;
- votre promesse ;
- les forces et faiblesses de votre projet ;
- les opportunités et les menaces pour votre projet.

Identifier ses caractéristiques personnelles

Se positionner sur Internet s'inscrit dans une dynamique proactive qui nécessite que l'on parle avec une réelle authenticité de soi, de son projet et de sa contribution professionnelle dans le contexte de son métier et sur son secteur d'activité.

C'est en soi une véritable nouveauté dans le contexte du recrutement. En effet, si le discours était « formaté » pour être en adéquation avec le contenu d'une offre d'emploi bien précise, il s'agit maintenant d'une expression « libre » qui impose l'authenticité.

Le travail sur votre « capital professionnel » engagé précédemment vous a permis de présenter votre « offre de compétences » en l'enrichissant de la différence qui vous caractérise et donc de votre plus-value sur le marché.

Nous vous proposons maintenant une réflexion personnelle qui va vous permettre de mettre votre personnalité au service de votre projet ou de votre positionnement professionnel, et ainsi d'accentuer votre coefficient d'attractivité sur le marché.

D'une étude réalisée en 2011 par le cabinet Oasys Consultants auprès des chasseurs de têtes, il ressort que les principaux critères de choix d'un candidat sont l'expérience d'un métier et la personnalité : « L'expérience d'un métier et la personnalité restent en tête des critères de recrutement exigés par nos clients. »

Les deux critères de choix majeurs : l'expérience et la personnalité

« Selon vous, sur quels critères vos clients sont-ils les plus exigeants ? »

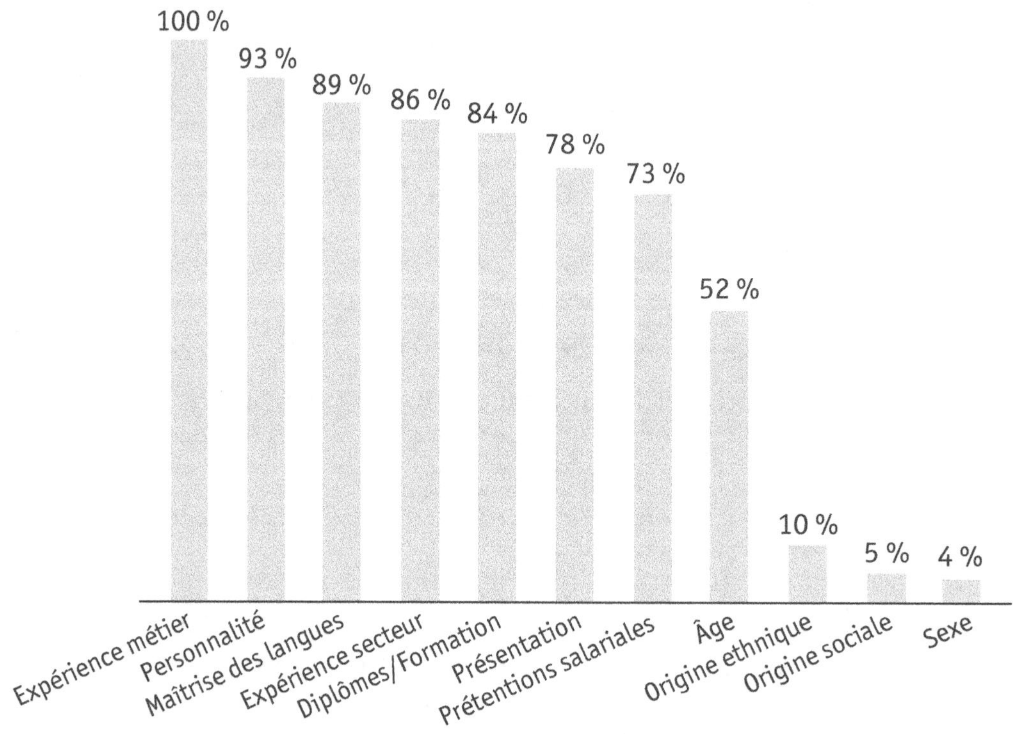

Source : « Cabinets de chasse de tête et de recrutement – Entre tabous et idées reçues, quelles pratiques et quelle contribution réelle », étude menée auprès d'une centaine de chasseurs de têtes par le cabinet conseil en gestion de carrière Oasys Consultant – 2011.

Cerner ma façon d'être et d'agir

Chacun vit et voit le monde d'une façon différente selon les représentations qu'il se fait de son environnement et du sens qu'il donne à son action. Il n'y a heureusement pas une seule façon d'aborder le monde et donc la vie professionnelle, ni *a fortiori* une bonne et une mauvaise approche. C'est la diversité des points de vue qui fait la richesse de notre monde.

L'avènement du Web collaboratif constitue une fantastique opportunité qui permet de « sortir de l'anonymat d'un nom de métier » et d'offrir à notre environnement toute la singularité de notre profil, ce qui nous distingue de l'autre, ce qui nous rend unique !

Il est inutile et utopique de vouloir se conformer à un moule stéréotypé et de vouloir plaire à tout le monde. Misons sur l'authenticité car elle est juste pour soi et pour les autres

Si oui, laquelle ? *(Plusieurs réponses possibles.)* Si non, passez à la question suivante.

Quelles sont ces difficultés ?

....

Parmi vos principales valeurs, lesquelles représentent un atout pour votre vie professionnelle ?

....

Si vous deviez n'en garder que deux, quelles seraient-elles ?

1) ....

2) ....

Citez les deux valeurs avec lesquelles vous ne pouvez pas « cohabiter » :

1) ....

2) ....

Quelles sont les motivations qui vont alimenter mon projet professionnel et comment les exprimer sur Internet ?

Alors que nos valeurs nous conduisent à observer le monde d'une certaine façon, nos motivations nous font passer de l'observation à la mise en action. Elles constituent un véritable carburant « émotionnel » qui nous permet d'avancer plus ou moins vite, voire de freiner face à différentes situations qui se présentent à nous.

Repérer ses principales motivations permet d'ancrer son projet ou positionnement professionnel dans une dynamique vertueuse.

Voici plusieurs familles de motivation (d'après le SONCAS – méthode d'approche commerciale) :

- La **sécurité** répond à un besoin d'être rassuré, de s'attacher à ses habitudes.
- L'**orgueil** répond à un souhait de se différencier, d'avoir une image élitiste, haut de gamme…
- La **nouveauté** répond à une envie de changement, d'aller vers les tendances nouvelles, d'innover, de se projeter dans le futur…

- Le **confort** répond à la volonté de se simplifier la vie, de se situer dans un environnement propice au bien-être…
- L'**argent** répond à un désir purement mercantile, faire la bonne affaire, s'enrichir…
- La **sympathie** répond à une attention que l'on souhaite porter à l'autre, à la qualité de la relation, aux coups de cœur…

En transposant dans l'univers professionnel ces familles initialement vouées à l'analyse des comportements d'achat, on observe des attitudes spécifiques.

Pour la sécurité	Volonté de reproduire des schémas professionnels connus, de capitaliser sur son expérience et sa connaissance, idéalement dans une entreprise connue et en bonne santé financière. *Le projet professionnel pourra se référer à la fiabilité.*
Pour l'orgueil	Souhait d'être reconnu comme l'expert, le référent que l'on sollicitera et qui sera incontournable. Une attention particulière sera portée au « titre » du poste. *Le projet professionnel pourra se référer à l'expertise.*
Pour la nouveauté	Besoin de « sortir » du cadre habituel et de proposer des angles originaux que les autres s'approprieront. L'entreprise/le poste devra laisser une marge de manœuvre importante et propice à l'innovation. *Le projet professionnel pourra se référer à l'angle innovateur.*
Pour le confort	Attention portée particulièrement aux environnements de travail. Le choix de l'entreprise se fera sur des critères de proximité géographique, de cadre de vie professionnel, d'ambiance… *Le projet professionnel pourra se référer à la simplification des méthodes, des approches, des process.*

Pour l'argent   Nécessité de se situer dans une dynamique ROIste et évolutive. Une attention particulière sera portée à la rémunération globale et aux perspectives d'évolution.

Le projet professionnel pourra se référer à la rentabilité.

Pour la sympathie   Envie de faire partie d'une équipe, d'un groupe, d'une marque souvent reconnue comme étant citoyenne, écologique, utile, durable…

Le projet professionnel pourra se référer à l'esprit d'adhésion.

Quelle est ma principale motivation ?

Relisez attentivement les définitions et notez de 1 à 6 ces différentes familles (1 étant la motivation principale, et 6 la moins importante pour vous).

Classement des types de motivation

Motivation	Classement
Sécurité	
Orgueil	
Nouveauté	
Confort	
Argent	
Sympathie	

Comment déterminer mon style comportemental ?

Alors que les valeurs donnent à voir le monde d'une certaine façon et que les motivations sont des ressources pour avancer, le style comportemental représente la manière dont on va avancer. Certains seront plutôt leaders dans l'action alors que d'autres emboîteront plus facilement le pas ; certains seront particulièrement attentifs à l'autre, d'autres au résultat. Tout est question de style ! Repérer son style à soi, c'est apporter à son projet professionnel une touche « différenciante » et communiquer de manière « authentique ».

Quel est mon « style comportemental » ? (inspiré des travaux de Paul Watzlawick)

C'est une démarche en trois temps.

Temps 1

Voici deux matrices.

Positionnez-vous sur chacune d'elle en marquant une croix à l'emplacement où vous pensez vous situer (100 % = cela me représente parfaitement ; 0 % = pas du tout).

Prenez position ! Donnez votre tendance naturelle et ne cochez pas le 0.

Première matrice

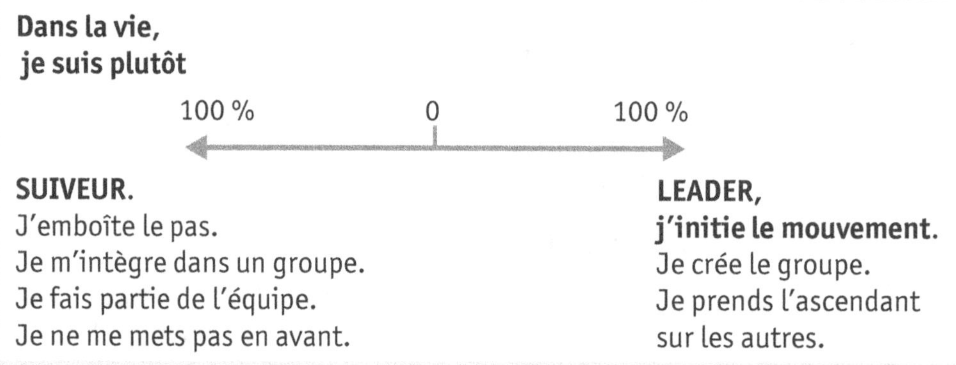

Deuxième matrice

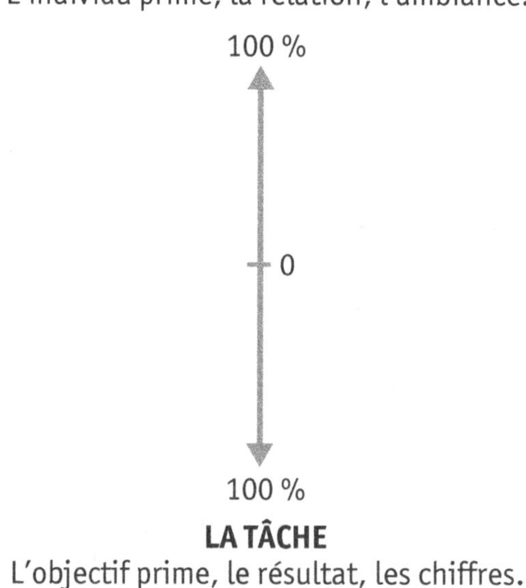

.../...

Temps 2

Reportez vos résultats sur le schéma suivant et identifiez votre style

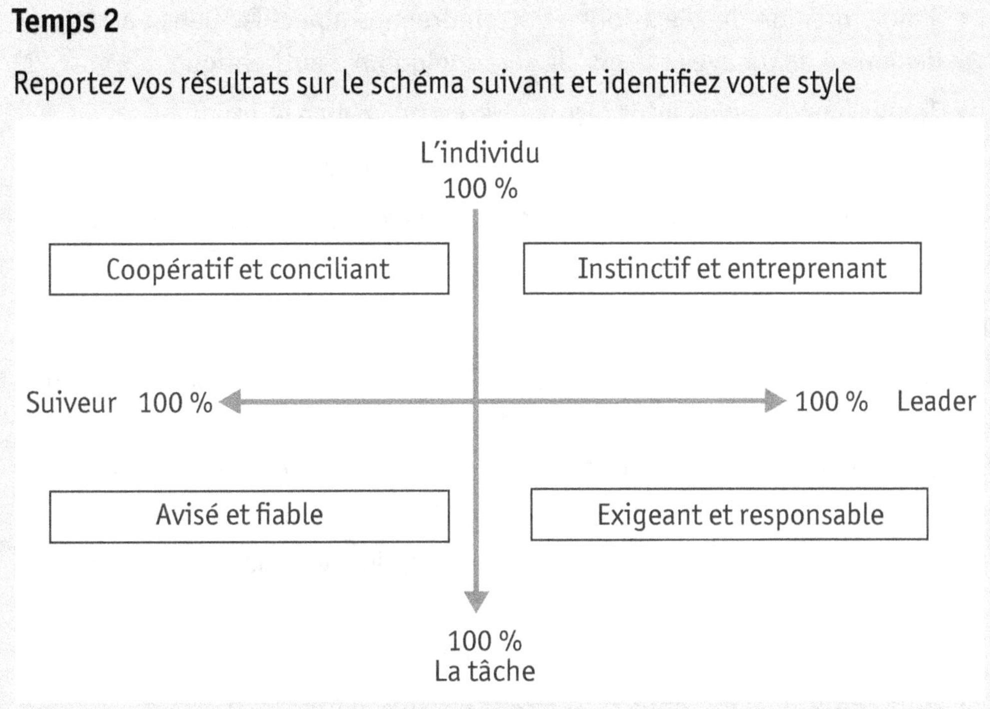

Temps 3

Validez le style qui vous correspond le mieux, tout en temporisant sur l'intensité de la représentation selon le pourcentage que vous lui avez attribué.

Instinctif et entreprenant

- Je suis stimulant, énergique, créatif, intuitif, chaleureux, enthousiaste, affirmatif, impulsif, actif et débordé.
- Je suis bavard et expansif, j'aime aller au-devant des autres.
- J'apprécie que l'on reconnaisse mes qualités et que l'on me félicite, idéalement devant tout le monde.
- Le respect des horaires, la méthodologie et la précision ne sont pas mes points forts.
- Je n'écoute pas toujours les autres, je me fie plutôt à mon instinct.
- Dans un contexte conflictuel, je me fâche et je combats avec émotivité.
- Je suis idéaliste et plutôt tourné vers le futur.

Exigeant et responsable

- Je suis déterminé, résolu et efficace. Je suis souvent impatient et tourné vers le bénéfice, les chiffres, les résultats. Je suis ambitieux, dynamique et autoritaire.

.../...

- J'aime prendre des décisions et atteindre mes objectifs. Dans l'action, je démontre, je prouve et j'agis. Je suis quelqu'un d'authentique.
- Je suis d'un naturel plutôt réservé, rationnel, calme et froid.
- Je ne suis pas très tolérant et je manque de souplesse.
- Dans un contexte conflictuel, je combats avec logique et sans états d'âme.
- Je suis concret et plutôt tourné vers le présent.

Coopératif et conciliant

- Je suis amical et confiant. Je suis également sensible, accueillant, disponible et attentif aux autres. J'attire facilement la sympathie. On se confie naturellement à moi et j'aime également me confier aux autres. Je suis assez bavard. J'aime être apprécié et accepté par les autres.
- Je suis d'un naturel tolérant et j'accepte facilement mon environnement. Je ne sais pas dire non.
- J'ai plutôt tendance à me ranger à l'opinion des autres.
- Méthode, rigueur et objectifs ne sont pas mes points forts.
- Les conflits me font souffrir et je les évite.

Avisé et fiable

- Je suis patient, précis, méthodique, ponctuel et fiable.
- D'un naturel consciencieux et réservé, je ne suis pas bavard.
- J'ai tendance à attendre que l'on vienne à moi.
- Je suis calme, pondéré et organisé.
- J'excelle dans la recherche d'informations, l'analyse, la comparaison et les études de dossiers.
- Je mets un point d'honneur à respecter mes engagements.
- En cas de conflit, j'ai tendance à ne rien dire, mais je n'en pense pas moins. J'ai ma logique personnelle.
- Pour moi, l'histoire est un éternel recommencement.

Une fois votre style déterminé, vous pourrez reprendre quelques mots-clés dans ces descriptions pour nourrir votre communication personnelle dans les médias sociaux, et particulièrement sur le résumé de votre profil.

Identifier comment les autres me perçoivent

Vous avez réfléchi aux composantes de votre personnalité. C'est un premier travail essentiel. Mais, que ce soit *online* ou *offline*, une réputation est basée sur la perception et l'opinion des autres. Quelle image avez-vous auprès des membres de votre entourage ? Avez-vous la juste perception de l'image que vous dégagez, et de l'empreinte que vous laissez ? Il y a parfois un décalage entre la perception que l'on a de soi et l'image que nous renvoyons réellement à l'extérieur. C'est pourquoi, avoir un « retour sur image » permet d'orienter nos efforts dans la bonne direction.

Faites une liste de personnes de confiance, dans vos différents cercles de relations afin de diversifier à la fois les contextes et les niveaux de relations (famille, amis, collègues, anciens collègues, clients, fournisseurs, etc.). Plus vous solliciterez de personnes, plus il sera facile d'analyser les résultats et d'en retirer une information exploitable. À partir de quinze personnes, les résultats commencent à être « fiables ». Dans ce genre d'exercice, il est très important de prendre en considération la question de l'anonymat pour le retour du questionnaire. C'est la seule condition pour obtenir un résultat objectif et sans contraintes. Adressez vous-même le questionnaire avec un message personnalisé pour chaque contact, indiquez les modalités de renvoi du questionnaire et proposez une date butoir. Si vous êtes accompagné par un professionnel dans votre démarche, vous pouvez lui confier le soin de gérer l'ensemble du processus et de vous restituer les réponses de façon anonyme. Comptez en moyenne quatre semaines pour finaliser un tel exercice, le temps d'envoyer les questionnaires, de rassembler et d'analyser les réponses. Vous aussi, vous pouvez compléter utilement ce questionnaire. L'analyse et la comparaison des résultats feront l'objet d'un travail visant à extraire les concordances et à faire émerger quelques composantes déjà reconnues de votre réputation.

⇨ **QRCode : questionnaire « Retour d'image »**

Comment interroger son réseau

Voici les neuf questions pour tout savoir et analyser votre image auprès de votre réseau.

- Les trois verbes qui vous correspondent le mieux.
- Les trois qualités qui vous sont reconnues.
- Le livre à vous offrir.
- Si vous étiez un film (aventure, romantique, burlesque, historique...).
- Si vous étiez un lieu (sauvage, citadin, forêt, plage, monument, brasserie).
- Si vous étiez un élément de la nature (arbre, fleur, rocher, océan, nuage).
- Si vous étiez un animal.
- Si vous étiez un souvenir.
- La catégorie (type de contact) du répondant.

Analyser les résultats

Étape 1 : triez les questionnaires en cinq catégories

1. Amis.

2. Famille.

3. Collègues et anciens collègues.

4. Relations professionnelles (clients, fournisseurs, partenaires...).

5. Autres.

Étape 2 : effectuez une première lecture

Utilisez le tableau ci-dessous et faites une croix dans la case appropriée après la lecture de chaque questionnaire, afin d'évaluer :

- votre niveau de surprise ;
- votre impression positive ou négative.

.../...

Catégorie	Pas surpris	Surpris	Très surpris	Positif	Négatif
Amis					
Familles					
Collègues					
Relations professionnelles					
Autres					
TOTAL					

Déjà à ce stade, sans même détailler le contenu et les réponses, à peine vos premières lectures terminées, des données peuvent être analysées et traduites en objectifs.

Étape 3 : exprimez votre ressenti

L'image que l'on a de soi diffère parfois de celle qui est perçue par le monde extérieur. La confiance en soi est souvent une question d'image renvoyée par les autres. Des félicitations et des compliments nous réjouissent et nous motivent tandis que des critiques et des retours négatifs peuvent anéantir notre motivation et notre estime de soi. L'objectif du questionnaire « Retour d'image » n'a pas vocation à aller trop loin dans l'étude de votre image. Prenez du recul, il ne s'agit que d'une perception de vous. Si une ou deux personnes se trompent, le résultat global ne sera pas affecté. En revanche, si la majorité des personnes interrogées émettent des avis différents, vous pouvez remettre en question votre communication. Bien se connaître et bien communiquer sur soi est la base de tout projet pérenne.

Qu'est-ce que votre ressenti vous apprend à la première lecture de ce travail ?

Votre niveau de surprise

- **Pas surpris :** rien de ce que vous venez de découvrir ne vous surprend. Il n'y a pas de décalage entre ce que vous êtes et ce que l'on perçoit de vous.

- **Surpris :** vous êtes étonné(e) par certaines tendances qui se dégagent. Vous ne pensiez pas que telle ou telle particularité de votre personnalité soit aussi visible ou interprétée ainsi ?

- **Très surpris :** Il semblerait qu'il existe un gros décalage entre ce que vous êtes et la façon dont vous êtes perçu. Cela peut paraître déstabilisant, c'est surtout très intéressant de se demander pourquoi la majorité possède cette image de vous. Qu'est ce qui, dans votre quotidien, dans votre façon d'être ou de vous comporter, induit tel ou tel trait de personnalité ?

.../...

Votre impression positive ou négative ?

Une autre donnée à prendre en compte, c'est l'impression négative ou positive que vous renvoie l'image que les autres ont de vous. Et pourquoi et en quoi ce sentiment peut-il être négatif ou positif selon vous ?

Négatif pourquoi (plusieurs réponses possibles) ?

- Cela ne me ressemble pas du tout.
- Cela ne correspond pas du tout à l'image que je souhaite donner de moi.
- Cela ne correspond pas du tout à l'image qu'on attend d'une personne occupant mes fonctions.
- Cela n'est pas flatteur et peut nuire à mes objectifs d'évolution de carrière.

Positif pourquoi (plusieurs réponses possibles) ?

- Cela me correspond tout à fait.
- Cela est encore mieux que ce que j'imaginais.
- Cela correspond très bien aux qualités nécessaires à mon métier.
- Cela est un atout pour mes objectifs d'évolution de carrière.

Que vous soyez surpris ou pas, que vous possédiez un ressenti négatif ou positif, l'essentiel est à ce stade de savoir si oui ou non, et en toute franchise, l'image qu'on vous renvoie par ce test est une image qui vous correspond ou non. Car ce qui compte et ce qui inscrira votre marque personnelle sur le chemin du succès, c'est avant tout votre capacité à être honnête avec vous-même et authentique dans votre communication avec les autres.

Conclusion de cette première analyse

A. Mon image est authentique et positive pour mon projet : bravo, vous êtes déjà dans le vrai et votre réseau ne s'y trompe pas. Un peu de technique et de stratégie et vous atteindrez sans difficulté majeure votre marché cible. La suite de ce livre va vous offrir tout ce dont vous avez besoin pour professionnaliser vos démarches et communiquer sur votre projet professionnel.

B. Mon image est authentique mais négative pour mon projet : l'essentiel étant d'être soi, faire un tel constat à ce stade de la démarche vous permet peut-être déjà d'identifier sur quels aspects de votre projet vous pouvez agir afin qu'il vous ressemble davantage. Par exemple, si l'on vous identifie comme un « observateur, drôle et original », en quoi cela vous éloigne-t-il du « leader charismatique et organisé » que recrute actuellement l'entreprise de vos rêves au poste de directeur commercial ? Quels seraient au contraire vos atouts pour

…/…

ce poste si l'entreprise vous attire réellement ? Plutôt que de vouloir absolument vous glisser dans un costume qui n'est pas le vôtre, pourquoi ne pas miser sur votre différence ? Dans un système RH où les clones sont prioritairement recherchés, cela ne fonctionnera certes pas à tous les coups, mais si l'on vous choisit pour ce que vous êtes et proposez de différent, c'est alors un excellent gage d'épanouissement ! Vous pouvez aussi cibler différemment votre marché afin de vous adresser aux entreprises dont la culture correspond davantage à votre nature.

C. Mon image n'est pas authentique mais elle est positive pour mon projet : par les temps qui courent, on peut être tenté de se dire qu'après tout, trouver un emploi ou obtenir la promotion que l'on attend est la seule issue heureuse à souhaiter. Peut-être vous reconnaîtrez-vous dans ces propos : « Pour réussir, ce qui compte, c'est d'avoir une bonne image et d'être apprécié, le reste n'a que peu d'importance. Et puis en affaires, le jeu des faux-semblants a toujours existé, ce n'est pas aujourd'hui que cela va changer » ? Ou peut-être à l'inverse, vous aimeriez rompre avec cette tendance qui vous mène régulièrement à accepter des postes et des missions qui au final, ne sont pas faits pour vous et dans lesquels vous dépensez plus d'énergie à paraître plutôt qu'à vous sentir pleinement investi. Car on ne peut pas être épanoui dans la durée quand on n'est pas authentique. Essayez de marcher toute une journée avec une paire de chaussures de deux tailles trop petites et vous comprendrez quel inconfort vous faites vivre à votre mental en acceptant « au nom d'un job ou d'un prestige » de vous glisser dans les habits d'un autre.

Vous pouvez utilement bénéficier d'un temps de transition professionnelle (souhait de changer de poste ou recherche d'emploi) pour sortir de ce schéma inconfortable qui ne vous permet pas de vous projeter très loin. Imaginez un instant, si vous étiez vous-même et si votre univers professionnel vous ressemblait davantage, ne seriez-vous pas plus performant et plus heureux encore ?

D. Mon image n'est pas authentique et elle est négative pour mon projet : voilà un handicap certain en communication. Pourquoi en êtes-vous là aujourd'hui ? Cela révèle peut-être une certaine gêne à l'idée de communiquer de façon authentique auprès de vos relations. Peut-être est-ce tout simplement devenu une habitude pour vous de faire fi de votre personnalité pour accepter les codes agréés par votre profession et ainsi ressembler trait pour trait à ce qu'on attend de vous ? Ou bien peut-être encore faites-vous partie des personnes discrètes et secrètes qui n'ont qu'un objectif dans la vie « ne pas se faire remarquer et ne pas faire de bruit ». Ou alors, vous êtes peut-être victime de calomnie, ou d'une image négative dont vous aimeriez bien vous

.../...

défaire ? Identifier et prendre conscience de ce manque d'authenticité va vous permettre de mettre en place une stratégie pour faire émerger votre réalité. Repérer vos atouts vous permettra d'adopter un plan de communication pour valoriser avec justesse votre image professionnelle.

Conclusions	Conseils de stratégie à mettre en place
A	Développez vos outils pour communiquer sur votre projet
B	Cultivez votre différence et transformez-la en atout
C	N'ayez pas peur d'être authentique, cela prolonge le succès
D	Identifiez votre propre marque et votre valeur ajoutée, votre marché cible existe et vous attend !

Le nombre de questionnaires retournés par rapport au nombre de personnes sollicitées

Ce taux de retour vous permet d'apprécier votre influence auprès de votre réseau et vous indique votre capacité à utiliser votre réseau à des fins professionnelles. Identifier son public, connaître ses alliés et savoir où ils se trouvent, est le b-a ba d'une bonne communication autour de sa marque personnelle.

Calculez votre taux de retour et analysez le résultat :

- **Inférieur à 50 % :** votre réseau n'est pas très réactif et sensible à votre démarche, ne soyez pas trop déçu : la réactivité d'un réseau se travaille au fur et à mesure qu'on le soigne !

- **Supérieur de 50 % à 80 % :** votre score se situe dans la moyenne, c'est donc positif. Il serait intéressant d'analyser le pourcentage de retour par catégories pour identifier les réseaux les plus enclins à vous répondre.

- **Supérieur à 80 % :** c'est un excellent taux de retour. Vous savez entretenir votre réseau et celui-ci vous le rend bien. Félicitations, un bon réseau ne se mesure pas en quantité mais en qualité et si vous avez les deux, alors votre utilisation d'Internet boostera votre carrière très vite.

Le podium de vos meilleurs supporters

Attribuez les places du podium à vos meilleurs supporters et gardez en tête ce classement. Il s'agit à ce moment précis des personnes sur lesquelles votre marque personnelle a le plus d'influence et du réseau sur lequel vous allez pouvoir compter très rapidement.

…/…

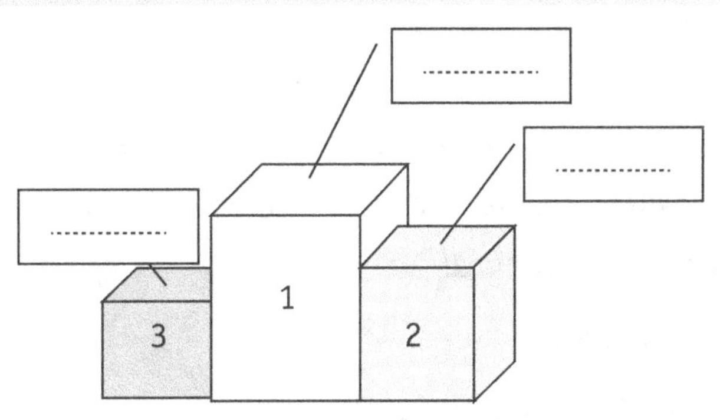

Podium de vos supporters

Vos supporters sont vos principaux alliés. Vous pourrez vous appuyer sur eux pour tester et valider votre communication et pour relayer vos informations et votre marque personnelle *via* Internet. Soyez cependant vigilant car ils ne représentent pas toujours votre public cible. En fonction de votre projet ou positionnement professionnel, il conviendra, ou non, d'agir sur ces catégories.

Existe-t-il de grands écarts de perception entre vous et votre réseau ?

L'empreinte que vous laissez auprès de votre réseau est-elle fidèle à ce que vous êtes réellement ? Correspond-elle à l'image que vous pensez et souhaitez véhiculer auprès de votre réseau ? Existe-t-il de grands écarts dans les réponses apportées ou, en fin de compte, cela est-il plutôt cohérent dans l'ensemble ?

Comparez à présent les réponses de votre réseau et les vôtres afin d'en extraire une tendance et des perspectives de travaux correctifs.

⇨ **QRCode : Grilles comparatives des résultats**

Évaluation de votre marque personnelle auprès de votre réseau

À l'issu de ce test, évaluez sur une échelle de 1 à 5 le niveau de connaissance que possède votre réseau sur les différentes composantes de votre marque et reportez-les sur le graphique (1 = très faible ; 2 = faible ; 3 = moyen ; 4 = assez bon ; 5 = très bon).

.../...

- Vos compétences clés (*3 verbes*) : .../5.
- Vos qualités et atouts (*3 qualités*) : .../5.
- Votre environnement de marque (*thématique livre et lieu*) : .../5.
- Votre message ou promesse de marque : (*film, élément naturel*) : .../5.
- Votre valeur ajoutée ? (*animal, souvenir*) : .../5.

Votre courbe « Retour sur image »

Reportez sur ce graphique les évaluations portées ci-dessus, sur une échelle de 1 à 5.

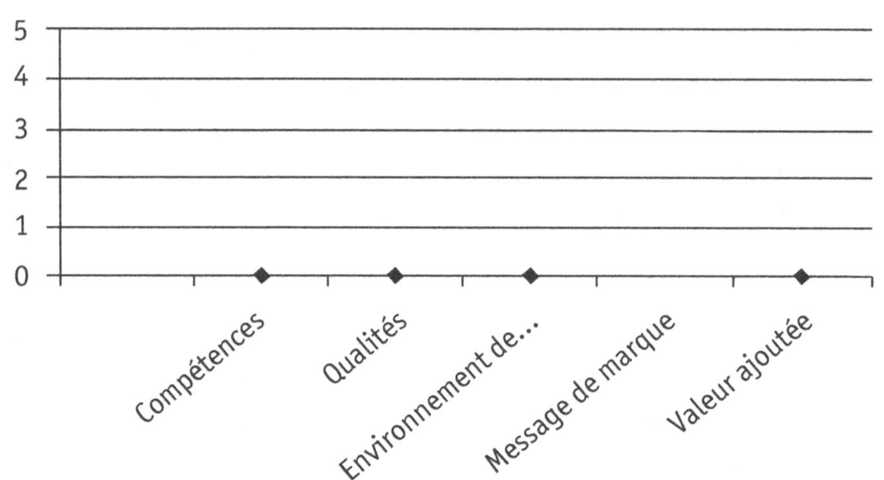

Au regard de ces évaluations, classez à présent vos priorités – en termes de thématiques – pour votre communication de marque *(il peut y avoir des thèmes ex-aequo)*.

Complétez la phrase ci-dessous en renseignant votre classement par priorité : *compétences – qualité/atouts – environnement de marque – message de marque – valeur ajoutée.*

« Pour une réputation plus authentique et efficace, je dois améliorer ma communication sur mon/ma/mes :

1) ....

2) ....

3) ....

4) ....

5) .... »

.../...

Listez les atouts et qualités identifiés par votre réseau et complétez cette phrase :

« Pour atteindre mon objectif de carrière, je vais pouvoir compter sur :

- ....
- ....
- ....
- .... »

Construire sa charte numérique

Établir votre charte numérique vous permettra de posséder une identité visuelle cohérente et reconnaissable par vos contacts sur la Toile. En définissant des règles graphiques précises et déclinables quel que soit le support, vous vous inscrivez dans une démarche de communication claire, homogène et professionnelle.

Vos couleurs

Les couleurs offrent une palette de communication qui remplace souvent de longs discours.

Que ce soit pour créer votre logo, personnaliser votre CV, choisir votre tenue pour un entretien ou encore décorer votre bureau : votre choix de couleurs revêt une importance capitale. Au-delà de la notion d'appréciation personnelle ou d'un phénomène de mode, on attribue à chaque couleur un véritable langage, une symbolique construite au gré de l'histoire et pouvant varier d'une civilisation à une autre. En matière de communication, l'influence d'une couleur est étroitement liée aux émotions et dans chaque société il n'est pas rare qu'elle se substitue au mot ou à l'idée qu'elle incarne.

La symbolique des couleurs n'est pas une science exacte. Cependant, la connaître et en tenir compte, permet d'offrir à sa communication professionnelle trois atouts non négligeables :

- **une cohérence esthétique** harmonieuse et identifiable ;
- **un ancrage sectoriel identifié** et reconnu par son marché cible ;
- **une dimension émotionnelle** non verbale, incarnée, différenciante et réfléchie.

Zoom sur les couleurs et les symboles

Que vous souhaitiez dynamiser votre CV, personnaliser vos mails, créer votre blog, harmoniser vos supports en ligne, le choix de vos couleurs et leur cohérence avec votre secteur d'activité ou vos valeurs, contribueront à véhiculer correctement votre marque. Internet étant le terrain de jeu favori pour diffuser sa marque personnelle, les symboliques présentées sont un condensé de celles utilisées par les professionnels du Web marketing.

Le bleu : la couleur préférée à l'unanimité par les hommes et les femmes dans le monde. Elle représente la couleur de notre planète, du ciel, des océans.

Symbolique : sagesse, vérité, profondeur d'âme, pureté, fraîcheur, bonté, sécurité...

Entreprises et secteurs d'activité : banque, conseil, voyage, aéronautique, nouvelles technologies et réseaux sociaux (par exemple, Linkedin, Twitter, Facebook).

Le jaune : la couleur du soleil, de la lumière, de l'or, du sable...

Symbolique : soleil, fête, bonheur, énergie vitale, mouvement, puissance, pouvoir, *ego*, richesse.

Entreprises et secteur d'activité : tourisme, assurances, informations, musique.

Le rouge : la couleur du sang, du coquelicot, de la lave, des tomates...

Symbolique : amour, passion, colère, sexualité, triomphe, ardeur, interdiction, urgence, action, courage.

Entreprises et secteurs d'activité : sport, médias, humanitaire, luxe, vins et gastronomie, érotisme.

Le vert : la couleur de la nature, du monde végétal.

Symbolique : nature, apaisement, espoir, chance, stabilité, concentration, santé, sécurité, repos, calme, jeunesse.

Entreprises et secteurs d'activité : santé, pharmacie, voyage, environnement, écologie, éducation.

L'orange : la couleur du fruit vitaminé du même nom l'orange, l'abricot, le kaki, le coucher de soleil.

Symbolique : communication, créativité, sécurité, optimisme, joie, ambition, vitamine et soleil.

Entreprises et secteurs d'activité : communication, agroalimentaire (fruits), sport, forme et fitness et divertissement.

.../...

Le violet : la couleur du raisin, des myrtilles, des figues, de l'aubergine, elle est à « double tranchant » et souvent soit aimée soit détestée.

Symbolique : rêve, paix, médiation, délicatesse, intelligence, douceur, spiritualité, noblesse, religion.

Entreprises et secteurs d'activité : musique, art et culture, luxe, croyances, affaires (*business*).

Le rose : « la rose » est la fleur des amoureux ; on pense aussi au Malabar, à la barbe à papa et autres friandises de l'enfance.

Symbolique : bonheur, féminité, séduction, tendresse, romantisme, charme, beauté, dynamisme.

Entreprises et secteurs d'activité : petite enfance, confiserie-pâtisserie, loisirs, arts et peintures, femmes.

Le marron : la couleur de la terre, du bois, mais aussi du chocolat, du café, du caramel.

Symbolique : nature, terroir, calme, douceur, sagesse, neutralité.

Entreprises et secteur d'activité : environnement, culture, histoire, luxe, confiserie (chocolat).

Le noir : la couleur de la nuit, de la réglisse, du smoking.

Symbolique : luxe, nuit, mystère, sobriété, élégance, silence.

Entreprises et secteurs d'activité : luxe, photographie, cinéma, arts.

Le blanc : la « non-couleur » de la neige, du lait, des nuages.

Symbolique : pureté, virginité, propreté, paix, perfection.

Entreprises et secteurs d'activité : religion, hiver, mode, médias.

NB : Au-delà de ces significations et langages attribués aux couleurs, il est primordial que votre choix vous plaise et que vous vous l'appropriiez avec plaisir.

Votre marque en trois couleurs

Pour garantir une cohérence à votre marque, nous vous invitons à choisir trois couleurs. Une principale et deux secondaires qui vous permettront d'harmoniser votre communication *online* et *offline*.

Exemple :

Classement	Couleur	Raison du choix
1	Bleu	*C'est ma couleur préférée et je travaille dans les métiers de conseils*
2	Orange	*Je suis dynamique et sportif*
3	Jaune	*L'été est ma saison préférée j'aime le soleil, le sable chaud*

Une fois que vous avez choisi vos couleurs, hissez-les sur vos CV, e-CV, blog, présentations, etc. Dans la mesure du possible naturellement !

De la cohérence jusqu'à votre police d'écriture sur Internet

Bien choisir sa police d'écriture pour communiquer sur Internet c'est garantir une logique globale de ton et de présentation. Contrairement aux idées reçues, cette réflexion n'est pas exclusivement réservée aux personnes qui envisagent de créer un site Internet ou un blog mais elle nous concerne tous. En effet, la majorité des candidatures étant adressées par mail, mieux vaut s'assurer que votre CV, votre lettre de motivation ainsi que votre cœur de mail bénéficient d'une cohérence en matière de typographie. L'objectif étant d'offrir un confort optimal de lecture à vos correspondants et ainsi de permettre à votre contenu d'être lu et retenu dans son intégralité. Un bénéfice à double sens, bien plus qu'une question de personnalité car l'écriture sur écran demande plus d'effort de concentration. Pour votre choix de police, privilégiez la simplicité, la lisibilité et l'accessibilité. Il est conseillé de choisir de préférence une police sans-serif pour le corps du texte : par exemple, Arial, Trebuchet, Verdana (serif : désigne des lettres stylisées avec empattement. exemples : Garamond, Palatino ou Time New Roman).

Quelques conseils d'écriture Web

- **Caractère gras :** à utiliser pour les titres ou des parties courtes d'un texte seulement.

- **L'utilisation des majuscules :** à limiter car cela ralentit la lecture et donne une impression de cri.

.../...

- **Italique** moins lisible sur écran, il ralentit la lecture et a souvent un rendu trouble.
- **Le souligné** est réservé aux liens hypertextes.
- **Taille de police :** 10 à 12 pour le corps du texte.
- **Polices les plus adaptées à la lecture Web :** Verdana, Georgia.

■ Votre photo

Votre photo en ligne est à votre image professionnelle ce que le logo est à une entreprise, et bien plus encore ! En plus d'être la représentation « imagée » de votre marque personnelle et de traduire, par son expression, les qualités que vous souhaitez véhiculer à votre marché cible, votre photo est :

- votre part d'humain dans un univers digital ;
- votre sceau 100 % distinctif, 100 % authentique.

Il y a encore trop de profils « fantômes » sur les réseaux sociaux en ligne, c'est regrettable car cela revêt une importance capitale pour tirer pleinement profit de ces outils. Pour rassurer votre marché cible et gagner sa confiance, il faut apprendre à donner davantage de soi. Développer son réseau en ligne *via* les outils du Web 2.0 c'est se placer dans une posture « donnant-donnant ». Choisir de communiquer avec sa photo c'est opter pour une attitude ouverte et permettre à vos contacts de vous identifier et de vous reconnaître ; cela contribuera également à rassurer votre interlocuteur et à véhiculer une image positive de vous. À noter également que c'est le meilleur remède contre l'usurpation d'identité et l'homonymie.

Sept conseils pour choisir sa photo de profil en ligne

1. Choisissez une photo moins stricte qu'une photo de CV, mais plus sérieuse qu'une photo de vacances, et de qualité (à titre d'exemple, au minimum 200 × 200 pixels pour LinkedIn et Viadeo).

2. Demandez l'avis de vos proches si vous doutez.

.../...

3. Optez pour une photo naturelle et souriante.

4. Osez confier votre portrait à un photographe professionnel.

5. Soyez authentique et honnête en présentant une photo actuelle.

6. Présentez une posture cohérente et professionnelle.

7. Assurez-vous d'incarner les qualités de votre marque personnelle.

NB : votre photo est à reporter en première page de votre passeport de marque personnelle.

Le nom de votre marque

Cela va peut-être vous surprendre dans le cadre d'une marque personnelle, mais il est important de choisir le nom de votre marque. Pour la majorité cette question n'est qu'une formalité, en revanche pour certaines personnes, cela peut prendre les tournures d'un véritable casse-tête chinois. Voici cinq cas de figure qu'il n'est pas rare de rencontrer et qui en illustrent toute la complexité :

■ Les femmes mariées ayant choisi de prendre le nom de leur époux

Qu'il soit accolé au nom de jeune fille ou adopté en nom unique, la principale difficulté est de se fondre dans une nouvelle identité de marque sans, par la même occasion, perdre le lien avec une partie de son réseau. Souvent une même femme peut posséder plusieurs identités et parfois dans la même entreprise. Pire, elle peut porter un nom sur un CV et indiquer une adresse mail complètement différente, et posséder une autre identité sur ses documents officiels ! Pour le recruteur, cela peut être compliqué de faire le lien et en termes d'image l'impératif « cohérence » n'est pas atteint. Un choix s'impose, même s'il n'est pas facile : faites le tri, pesez entre l'identité actuelle, l'identité passée, l'importance de chaque réseau associé, la complexité et le poids émotionnel à porter et tranchez !

■ Les personnes possédant un très grand nombre d'homonymes

Avoir pris le temps de mettre en ligne de beaux outils et se retrouver noyé dans la masse, à la cinquième page Google est contre-productif. Aussi, en plus des stratégies que nous aborderons dans la seconde partie de cet ouvrage, consacrée aux outils 2.0, il peut être nécessaire d'ajouter son deuxième prénom – ou son initial – ou de rajouter le nom de sa mère ou encore son surnom. Exemple : David Martin possède deux autres prénoms : Jean et Christophe. Pour gagner en différenciation, il peut opter pour un nom professionnel plus distinctif tels que David-Jean Martin, David-J. Martin ou David J. C. Martin

Prendre soin de comparer les résultats sur les moteurs de recherche pour s'assurer qu'il s'agit bien d'une stratégie gagnante.

■ Les personnes ayant un nom malsonnant, insolite ou à connotation négative

Même s'il y a toujours pire et que les railleries des cours d'école peuvent avoir contribué depuis longtemps à renforcer sa capacité à faire face et à faire preuve de repartie, incarner sa marque personnelle, quand elle est connotée négativement, relève d'une belle prouesse. Cela prend une dimension plus importante que la cour d'école quand il s'agit de le diffuser largement sur Internet et pour rechercher un emploi. Changer de nom est parfois préférable (nom du conjoint, nom de naissance).

■ Les personnes ayant un nom difficile à lire ou à prononcer

Certains noms de famille, sont difficiles à lire, à prononcer et donc à retenir. Or une marque forte est une marque que l'on retient. Là encore, il est possible de contourner la difficulté en adoptant le nom d'un conjoint plus « facile ». Vous pouvez utiliser votre nom comme un élément différenciant et décider de communiquer sur ses origines, sa prononciation, sa signification. En adoptant ainsi une attitude assumée et décomplexée, vous marquerez les esprits de vos interlocuteurs et leur offrirez la solution pour retenir votre nom, voire pour l'apprécier à sa juste valeur.

■ Les personnes ayant un homonyme trop célèbre

Un homonyme célèbre peut être très encombrant en termes de gestion d'image car il a déjà inscrit sa marque dans l'inconscient collectif. Cela peut être flatteur, amusant, sexy ou, au contraire, désagréable et très dommageable. Dans tous les cas, cela ne contribue pas à apporter de la clarté à votre projet et à éclairer votre personnalité. Si vous décidez de le garder (après tout c'est le vôtre aussi), un travail important de distinction et différenciation sera nécessaire.

- Vous ne vous sentez concerné par aucun de ces cas de figure et vous avez choisi votre nom de marque personnelle ? Soyez-en heureux, et indiquez-le sur votre Passeport de marque.

- Vous faites partie d'un des quatre cas de figure abordés ci-dessus, ou pour toute autre raison personnelle, un changement s'impose à vous. Une fois que votre choix de nom est fait, pensez à :
  - adapter tous vos supports de communication *online* et *offline* ;
  - CV, carte de visite, profil en ligne, e-CV, adresse mail, etc. ;
  - informer votre réseau : prévoyez et déployez une campagne de communication et d'information auprès de vos contacts.

L'adresse e-mail

Elle est directement reliée à votre marque personnelle et contribue hautement à la diffusion de votre nom de marque. Il s'agit de la première information de vous qui arrive sous les yeux de votre e-correspondant, ou encore l'adresse qu'il sera amené à taper sur son clavier pour vous envoyer un mail la première fois. Cela peut paraître évident, mais nous rencontrons encore trop souvent des adresses peu professionnelles sur des CV, ou des mailings de candidats.

Exemple d'adresse e-mail à proscrire absolument pour une communication professionnelle claire et cohérente :

- **Les petits surnoms intimes** : roudoudou@...fr, mimou@...fr. Ce n'est pas l'idéal pour porter son projet professionnel aux yeux d'un recruteur, car bien trop familier !

.../...

- **Les associations de noms** : delphine-eddie@...fr, tomlililuludada@...fr. Votre nom de marque est la règle absolue, attention au mélange des genres, très peu efficace en termes d'image de marque.
- **Les adresses familiales** : familleriboul@...fr, tribumimie@...fr. Un projet professionnel est avant tout personnel, à moins d'avoir un projet familial, vous risquez de semer le trouble sur votre marque personnelle. **L'adresse de son conjoint ou d'une tierce personne** : Jeremie-demail@...fr. Ce n'est pas précisément l'adresse mail que l'on s'attend à avoir pour communiquer avec Madame Julie de Mail et on peut, à juste titre, douter du niveau d'autonomie de cette candidate, dans de nombreux domaines.

■ ■ ■

Chapitre 3

Veiller à son e-réputation

Puisqu'il est impossible de se soustraire à cette nouvelle ère de « l'hyperconnecté » – à moins de vivre en ermite ou de ne porter aucun projet de carrière ou associatif – mieux vaut s'intéresser à Internet afin d'en comprendre les mécanismes, ne pas se laisser distancer et en tirer le meilleur profit pour son image professionnelle.

Intéressons-nous donc maintenant à votre e-réputation. Vos éventuelles interactions avec le Web ou celles de tiers ont-elles laissé des traces sur Internet ? Si Oui, sont-elles conformes à l'image que vous souhaitez projeter ?

Dans ce chapitre, nous commencerons par vous proposer de faire l'état des lieux, puis de comprendre la différence entre votre identité numérique et votre e-réputation, pour enfin voir ensemble comment optimiser cette dernière. Commençons donc par une première phase d'audit.

Analyser sa présence en ligne

Le moteur de recherche Google représentait 91 % de la recherche Web en France en 2012, une position hégémonique. Nous vous invitons à utiliser cette technique de recherche d'information très simple, utilisée par le plus grand nombre – dont les recruteurs – appelée également « googliser » afin de diagnostiquer votre présence en ligne et d'analyser votre identité numérique.

Mon autodiagnostic « identité numérique »

A. Ma visibilité (plusieurs réponses possibles)

✓ Quand je me « googlise » :

- On me trouve en page n° .
- On ne me trouve pas.
- Je pensais être plus visible.
- Je suis assez satisfait.
- Je souhaite faire mieux.

✓ J'ai un ou des homonymes : Oui ❑ non ❑

→ Notez sur une échelle de 1 à 5 votre visibilité : .../5

(0 = inexistant ; 1 = mauvais ; 2 = faible ; 3 = assez bien ; 4 = bien ; 5 = très bien)

B. Le contenu autour de mon identité

✓ Les informations que l'on découvre sur moi sont :

- Souhaitées (je les ai volontairement diffusées).
- Non souhaitées (d'autres sources les ont diffusées).
- Les deux.
- Il n'y a pas d'information sur mon identité.

✓ La proportion des informations souhaitées et non souhaitées :

- Il y a plus d'informations souhaitées que non souhaitées.
- Il y a plus d'informations non souhaitées que souhaitées.
- Il n'y a aucune information me concernant.

.../...

✓ Les informations que l'on trouve sur moi :

- Adresse.
- Téléphone.
- Mail.
- Photos.
- Amis.
- Famille.
- Loisirs.
- Parcours professionnels.
- Parcours scolaires.
- Autre :

→ Notez de 1 à 5 votre identité numérique : …/5

(0 = inexistant ; 1 = mauvais ; 2 = faible ; 3 = assez bien ; 4 = bien ; 5 = très bien)

C. Message et différenciation

✓ Dans le cadre de ma recherche d'emploi/de mon positionnement ou projet professionnel :

- Je suis satisfait de ma communication professionnelle.
- Je ne suis pas satisfait de ma communication professionnelle.
- Je n'ai pas de communication orientée projet professionnel.

✓ J'ai le sentiment que mon profil « professionnel » est aujourd'hui :

- Complet et à jour.
- Honnêtement présenté(e).
- Différenciateur (des profils concurrents).
- Faiblement présenté(e).
- Sans réelle cohérence.
- Tendancieux et propice à la confusion.
- Je n'ai pas de profil « professionnel ».

→ Notez de 1 à 5 votre message : …/5

(0 = inexistant ; 1 = mauvais ; 2 = faible ; 3 = assez bien ; 4 = bien ; 5 = très bien)

…/…

D. Image et réputation

✓ Les données et informations recueillies :

- Servent mon projet professionnel.
- Sont neutres.
- Nuisent à mon projet professionnel.

✓ Je pense que mon image professionnelle est :

- Valorisée.
- Inexistante.
- Peu travaillée.
- Neutre.

✓ Mes atouts, qualités, valeurs sont :

- Clairement représentés.
- Peu représentés.
- Mal représentés.
- Absents.

✓ **Les photos de moi reflètent** (plusieurs réponses possibles) :

- Mon meilleur profil.
- Ma personnalité.
- Moi professionnel.
- Moi en mode privé.
- Moi... il y a 10 ans.
- Moi... en vacances.
- Ma « sainte horreur des photos ».
- Mon air des mauvais jours.
- Autres

→ Notez de 1 à 5 votre image et e-réputation : .../5

(0 = inexistant ; 1 = mauvais ; 2 = faible ; 3 = assez bien ; 4 = bien ; 5 = très bien)

Récapitulatif des composantes et moyenne de votre identité numérique

Composantes	Points forts	Points faibles	Note sur 5
A. Visibilité			
B. Communication et contenu			
C. Message et différenciation			
D. Image et réputation			
Note globale de votre identité numérique			.../20

La stratégie que vous mettrez en place ainsi que le choix de vos outils 2.0 reposeront en partie sur le résultat de cet autodiagnostic. Reportez vos notes sur votre Passeport de marque personnelle et datez-les afin de vous fixer des objectifs et d'en suivre l'évolution.

La Grille d'auto-évaluation de mon identité numérique©

Après avoir répondu aux questions précédentes, prenez le temps maintenant de reporter par quatre points, sur une échelle de 1 à 5, votre évaluation sur le schéma ci-dessous et reliez-les par une ligne. Un ou plusieurs axes de travail se dégageront et vous permettront d'analyser la qualité actuelle de votre identité numérique.

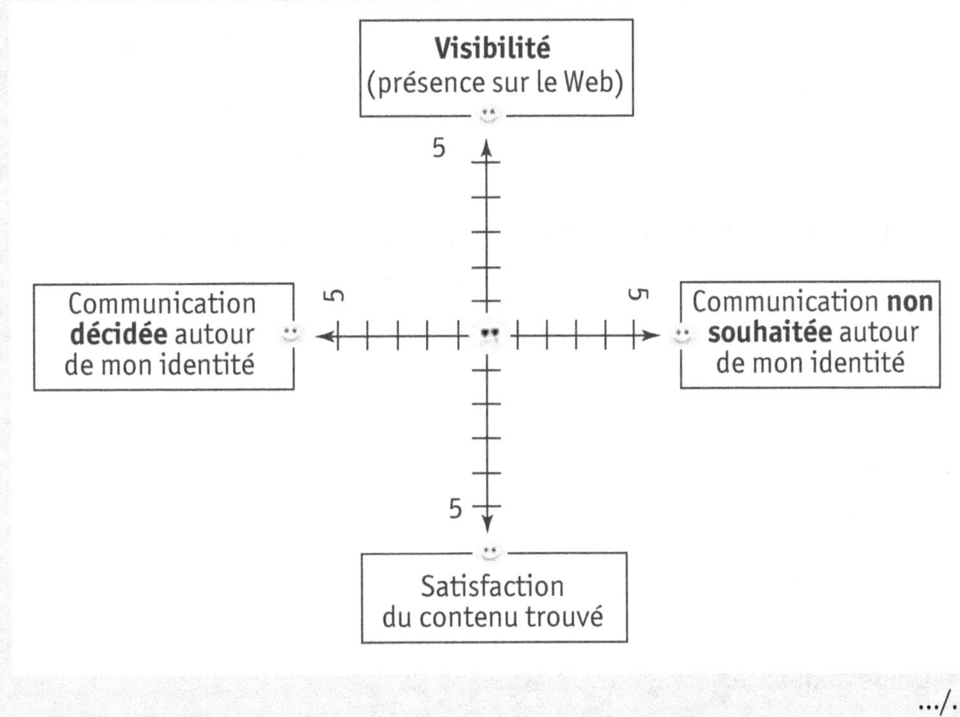

...

Conclusion

Pour améliorer mon identité numérique, les points sur lesquels je dois intervenir sont :

1) ....

2) ....

3) ....

4) ....

Dissocier l'identité numérique et l'e-réputation

L'identité numérique représente toutes les composantes de ce que vous communiquez sur Internet, alors que l'e-réputation est l'image que vous projetez sur le Web.

C'est vous qui exprimez votre identité et ce sont les autres qui font votre e-réputation.

Si votre e-réputation reflète votre identité numérique, tout va bien. Votre communication est juste ! Dans le cas contraire, il sera utile de vous pencher sur la question.

Identité numérique *versus* réputation numérique

Identité numérique : vos éléments identitaires, données personnelles...

- Qui je suis.
- Où je vis.
- Où je travaille.
- Ce que je fais.
- Ce que je dis.
- Qui je fréquente.

.../...

- Ce que j'aime.
- Etc.

E-réputation/réputation numérique : la perception qu'on se fait de vous.

- Ce que l'on dit de moi.
- Ce que l'on pense de moi.
- Ce qui est perçu de moi.
- Les valeurs, les qualités, les compétences associées à mon nom.
- Les récits, histoires ou scènes de vie qui me racontent et me dévoilent.
- Etc.

Connaître les composantes
de l'e-réputation

Comment se forge votre e-réputation ? Il est intéressant d'en connaître les principales composantes, afin de la renforcer ou bien de « corriger le tir ».

Les trois sources qui alimentent l'e réputation

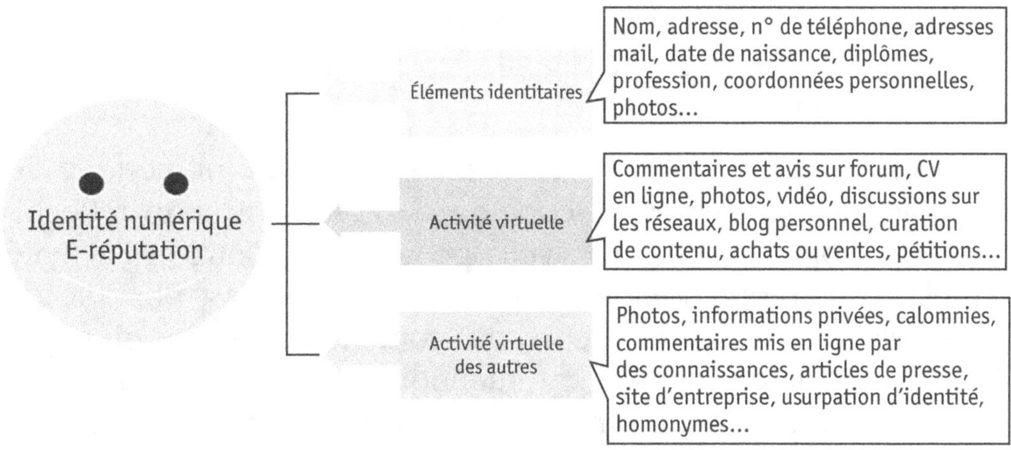

Soigner son e-réputation

Avant même de vous rencontrer, avec une simple recherche sur Google, un recruteur est en mesure de se faire une première impression sur vous à partir du contenu « rattaché » à votre nom sur la Toile. Pour ceux qui seraient tentés de persister dans l'idée de « Je ne suis pas sur Internet donc pas de danger pour ma réputation ! », il est important de garder à l'esprit trois points :

- L'activité virtuelle des autres n'a pas besoin de votre consentement pour contribuer à vous construire une identité numérique et, par là même, une e-réputation.

- L'activité d'un homonyme ou son actualité dans les « faits divers » peuvent, en plus de semer le trouble sur votre identité numérique, nuire sérieusement à votre e-réputation et là encore, sans votre concours.

- À l'époque où tous les marchés, tous les métiers, sont forcés de s'adapter aux changements profonds apportés par Internet, quelle conclusion pourrait être amenée à tirer un recruteur sur vos propres capacités d'adaptation aux nouvelles technologies s'il ne vous trouve pas sur le Web ?

Le choix est très simple : subir… ou agir !

Ne rien faire c'est subir et prendre le risque de laisser les autres se charger de votre image et de votre réputation professionnelle en écrivant par leur activité digitale, volontairement ou non, votre histoire de marque.

Agir c'est choisir de prendre en main son identité numérique en professionnel, en créant un contenu de communication réfléchi, soigné et ciblé. Ainsi, s'il n'est pas possible de contrôler l'activité virtuelle des autres, homonymes ou non, il vous est possible de livrer, à l'attention des recruteurs, des contenus implicites ou explicites qui distilleront l'essence authentique de votre marque et de ses composantes. Ces informations viendront nourrir les recherches bien justifiées des recruteurs, et mettront en avant l'aspect professionnel de votre identité en ligne ainsi que votre positionnement et vos atouts. Il ne sera alors pas utile au recruteur de chercher ailleurs, dans les couches profondes d'Internet ou les activités de tierces personnes, des informations vous concernant. Si malgré tout ce recruteur persiste à vouloir fouiller votre vie personnelle et en extraire un contenu moins formel, vous ne pourrez pas l'en empêcher, mais c'est tout de même assez peu déontologique.

Il est à noter que l'intérêt d'accéder à des informations sur Internet est à la fois celui du recruteur et du candidat. Pour préparer un entretien ou avant de postuler à une offre, les candidats apprécient, tout autant que les recruteurs, la qualité des informations qu'ils recueillent. Au fil des informations et contenus découverts, les deux parties forgent leur avis avant de décider d'aller plus loin. Nous pouvons même dire, que c'est sur la Toile qu'ils forgent leurs premières impressions ! La seconde partie de ce livre vous permettra d'utiliser les outils du Web dans ce sens.

Chapitre 4

Optimiser la gestion de son temps

Dissocier temps réel et temps vécu

Si l'on s'en réfère à la notion physique du temps, confirmée par la théorie de la relativité générale d'Albert Einstein, l'espace-temps est une représentation mathématique de l'espace et du temps, deux notions inséparables qui ont une influence l'une sur l'autre.

À cette vision scientifique du temps que le philosophe Henri Bergson appelle « temps objectif », s'oppose selon lui la notion de « temps subjectif » qu'il qualifie de temps réel, vécu par la conscience et qui fait paraître certaines heures très courtes et d'autres interminables.

Alors, temps objectif ou temps subjectif ?

Ce que l'on peut à l'évidence dire, c'est qu'Internet bouleverse la notion même de l'espace et du temps, en abolissant les frontières géographiques, en donnant accès à l'information et à la connaissance au plus grand nombre, et en permettant à chacun d'interagir en temps quasi réel.

Quelle avancée considérable dans le cadre de la mobilité professionnelle !

Les *jobboards* et autres métamoteurs permettent de recevoir des offres d'emploi dès leur parution et d'y répondre en ligne en s'affranchissant de l'enveloppe, du timbre et du délai d'acheminement. Les réseaux sociaux facilitent le développement de ses contacts professionnels, et la participation à des groupes de discussion et bien plus encore. Les CVthèques *online*, sites et autres blogs sont autant de moyens pour s'exprimer, se faire connaître et reconnaître…

Internet fait incontestablement la révolution en matière de recherche d'emploi, et ce n'est que le début !

Que dire également des modes d'accès au Web qui permettent une solution ATAWAD (*Any Time, Anywhere, Any Device* – marque déposée par Xavier Dalloz depuis 2002), ce qui signifie que l'on peut accéder aux contenus et interagir en permanence, de partout et avec tous les modes d'accès possibles (TV, ordinateur, tablette, console, smartphone…).

Oui, l'espace-temps est ainsi bouleversé au plus grand profit des utilisateurs.

Mais oserions-nous mettre de côté cette notion de temps subjectif exprimée par le philosophe Bergson ?

Notre expertise de l'*outplacement* permet de confirmer s'il le fallait, qu'une personne en recherche d'emploi ne vit pas le temps au même rythme que celui de l'entreprise. Deux semaines peuvent paraître interminables lorsque l'on a postulé à une offre d'emploi et que l'on attend une réponse, alors que cette même durée est en fait tellement courte à l'échelle de l'entreprise. Et au bout de six à neuf mois de recherche, le temps paraît finalement s'être écoulé si rapidement !

Indubitablement, la dimension subjective du temps est ici réelle. Mais, peut-on maintenant parler de temps subjectif avec Internet ?

Ce que l'on observe, c'est que l'outil fantastique qui offre le contenu et l'interaction en temps réel peut aussi, lorsqu'il est mal utilisé, présenter le revers de la médaille.

Combien de personnes en recherche d'emploi se sont-elles focalisées sur les offres d'emploi répertoriées sur le Web en oubliant le contact physique avec les professionnels en poste, source précieuse d'information, ou avec les recruteurs ? Le temps peut être si long lorsque l'on guette la bonne offre d'emploi !

Combien d'internautes ont-ils ainsi attendu le contact d'un recruteur, en n'ayant pas conscience qu'une offre d'emploi peut drainer des centaines de candidatures, et atteindre le millier, voire plus… et que le résultat positif, c'est-à-dire un appel pour un rendez-vous, reste statistiquement faible ? Le temps est toujours si long à s'écouler !

Combien d'entre eux, de guerre lasse, sont-ils partis vagabonder sur la Toile en quête de la meilleure recette pour faire et refaire leur CV, à la recherche des conseils pertinents des grands gourous, de tests de personnalité pour savoir s'ils sont bien ce qu'ils pensent être ? Autant de façons d'occuper son temps, et peut-être de le perdre .

Combien, de plus aguerris, passent-ils leurs journées à faire et refaire leur profil sur un réseau social, et à regarder qui est qui, qui fait quoi, qui connaît qui, et qui dit quoi… ?

Et de plus initiés à s'adonner à la « blogomania »…

Combien finissent-ils par y passer leurs heures et leurs journées ? Et le temps ici passe très vite, sans que l'on s'en aperçoive.

Comment maîtriser son temps avec Internet pour gérer sa mobilité professionnelle de façon efficace ? Existe-t-il des règles de bonne conduite pour exploiter toute la richesse du Web, sans en subir les effets pernicieux ? Et quelles recommandations générales de gestion du temps peut-on faire pour optimiser la qualité d'un travail de repositionnement professionnel ?

Sans avoir la prétention de l'exhaustivité et pour vous apporter des éléments de réflexion, voici quelques réponses révélées au cours d'un voyage à travers sept lois générales du temps. Vous y trouverez des antidotes pour mettre à profit l'occupation de votre temps.

Les sept lois du temps et Internet, dérives et antidotes

■ Loi de Murphy

« Rien n'est aussi simple qu'il n'y paraît. Chaque chose prend plus de temps qu'il n'y paraît. »

Edward Murphy, ingénieur américain en aérospatiale, a fait le constat lors de ses nombreuses expériences qu'une « tâche prend toujours plus de temps qu'on ne l'imagine ».

À l'ère du digital, la recherche d'emploi avec Internet pourrait sembler tellement plus simple ! Accès à l'information, création d'alertes pour recevoir directement les offres d'emploi de son choix… C'est vrai ! Mais il ne faut pas occulter plusieurs points essentiels :

- Une recherche d'emploi efficace utilise Internet mais ne se focalise pas sur Internet : le Web est très efficace pour soutenir une recherche d'emploi menée sur le « terrain », au contact de ses réseaux personnels et professionnels ou sociaux. Et le travail de « terrain » prend du temps, que ce soit dans la phase exploratrice ou lors d'un processus de recrutement.

- Si faire acte de candidature en ligne s'avère particulièrement rapide, lire l'offre d'emploi et préparer sa réponse demande du temps, car il faut expliquer les raisons de sa candidature. Si la lettre de motivation tend à disparaître, du fait de rédactions souvent banales et passe-partout, une candidature soutenue par une motivation non feinte a plus de chances d'aboutir qu'une autre. Mais l'on ne peut pas être motivé sur commande.

- Une exploitation fructueuse du Web ne peut se cantonner à la simple réception des offres d'emploi que l'on reçoit à partir des critères que l'on a définis. Le Web constitue un centre d'information et de documentation idéal et en temps quasi réel pour enrichir considérablement la qualité de sa recherche d'emploi, et l'investigation comme la veille demandent du temps.

■ La création et l'actualisation de son profil sur les médias sociaux prennent du temps, tout comme l'appartenance à un groupe de discussion ou l'animation de son blog.

Antidotes

- **Inscrire sa recherche dans le temps.** Trouver le bon emploi ne se fait pas du jour au lendemain. Cette prise de conscience est importante à plus d'un titre car elle permet d'agir avec le recul nécessaire et de mettre le temps à son profit. La recherche s'inscrit dans la durée, à la fois sans perte de temps mais aussi sans précipitation.

- **Organiser son temps de recherche.** Le lundi, et pour chaque semaine, planifier son travail de recherche sur son agenda, puis établir quotidiennement un plan de journée en notant les actions prioritaires, et les autres. Ne jamais rester une journée complète à naviguer sur Internet ! Rester conscient qu'alimenter un site ou un blog prend du temps. Avant de créer ses propres pages, il faut s'organiser en conséquence.

- **Garder du temps pour gérer l'imprévu.** Comme chaque chose ne se passe pas toujours comme on le pense, il est utile de réserver sur son agenda des plages horaires pour ce que l'on n'avait pas prévu de faire Si l'on pense que sa recherche prendra six mois, en prévoir neuf. Si l'on a noté six demi-journées de travail par semaine, en prévoir huit. Si l'on a planifié deux heures pour répondre à une offre, en prévoir 3 !

■ Loi de Parkinson

« Le temps qui s'étire à l'infini. »

Selon Northcote Parkinson, un travail tend à se « dilater » pour occuper l'espace-temps disponible. Cela veut dire que si l'on ne se fixe pas de délais pour accomplir un travail précis, celui-ci peut s'éterniser.

Cette loi s'applique particulièrement dans le cadre de la gestion de sa carrière. Plus, j'ai du temps pour accomplir un travail, plus je mets du temps à le faire.

Si l'on est en poste et que l'on envisage une mobilité professionnelle, le quotidien peut l'emporter facilement sur son projet et le temps fera son œuvre pour le mettre à mal. Il est donc essentiel de se fixer un délai précis pour sa mise en œuvre, et de s'organiser en conséquence. Il s'agira alors d'exploiter toutes les fonctionnalités d'Internet au service de son projet.

En situation de recherche d'emploi, la notion de travail devient plus floue. On doit certes fournir une forte énergie pour atteindre son objectif de repositionnement professionnel, mais celle-ci se trouve diluée dans un environnement où les frontières du professionnel et du personnel sont abolies. Du coup, on a l'impression de ne jamais travailler assez sa recherche d'emploi et l'on culpabilise à l'idée de se consacrer à des occupations d'ordre privé. L'espace-temps se remplit naturellement d'une vague impression de ne pas en faire assez sans pour autant en profiter réellement. Et les jours filent à grande vitesse !

C'est souvent là, comme nous l'avons précisé plus haut, qu'Internet peut se révéler dangereux car il facilite l'évasion vers d'autres centres d'intérêt, voire des passe-temps néfastes au travail de recherche d'emploi.

Antidotes

- **Dissocier temps pour soi et temps de recherche professionnelle :**
  - Prendre son agenda et réserver des plages « pour soi » (pourquoi pas deux demi-journées par semaine ?).
  - Faire la même chose en bloquant des créneaux qui seront exclusivement réservés à la recherche professionnelle.
  - Enfin, organiser son travail sur Internet en notant sur son plan de journée le temps dévolu au Web et les objectifs à atteindre (lecture des alertes mails, investigation, réseaux sociaux, blog...).
- **Règles impératives de gestion de son temps sur Internet :**
  - Toujours s'en tenir à l'objectif initial dévolu à la navigation Web sans se laisser aller au vagabondage sur Internet, particulièrement chronophage et peu rentable.
  - Se fixer des délais maximums de navigation ! Ne pas surfer plus de 2 heures en continu.

■ Loi de Douglas

« Non rangés, les dossiers finissent par s'entasser tout seuls »

C'est une variante de la loi de Parkinson : plus vous disposez d'espace de rangement, plus vous avez tendance… à ne pas ranger ! Dossiers et documents s'entassent jusqu'à remplir l'espace disponible pour le rangement.

Quelle incidence pour une recherche d'emploi en mode 2.0 ?

La recherche professionnelle avec Internet permet de mener des investigations extrêmement intéressantes pour mener à bien son projet (citation d'un expert métier qui peut devenir un prescripteur, actualité sur le marché, nominations…).

Une navigation fructueuse permet ainsi de recenser un grand nombre de contenus.

Or, si l'on n'a pas créé des dossiers pour classer le fruit de ses recherches, il sera très difficile d'éviter l'entassement et donc de profiter pleinement et utilement de la moisson d'informations !

Antidotes

Créer sur son ordinateur des dossiers thématiques et les ordonner de façon rigoureuse (actu métier, secteur d'activité, citations). Ces dossiers recevront toutes les informations collectées. L'entassement cède le pas à l'information utile.

Et pour éviter d'éventuels désagréments, il est intéressant de se souvenir que l'on peut **sauvegarder ses dossiers dans le *cloud*** (par exemple en enregistrant ses contenus sur Dropbox).

■ Loi de Laborit

« Faire le plus difficile en premier. »

Henri Laborit, biologiste de renom, a consacré sa carrière à l'étude du comportement humain. Il a notamment expliqué que l'homme est doté d'un programme biologique de survie qui lui fait fuir le stress pour rechercher en priorité la dimension plaisir. Autrement dit, c'est ce que l'on pourrait appeler « la loi du moindre effort », qui conduirait l'individu à repousser en permanence les tâches ennuyeuses pour les expédier en dernière minute.

Cela se vérifierait-il également dans le contexte de la mobilité professionnelle ? Difficile à dire tant les actes d'une recherche d'emploi peuvent paraître laborieux au plus grand nombre. Quelles actions chercherait-on alors à privilégier ou à éviter ?

On le voit souvent, avant même de peaufiner son CV, et plus encore de réfléchir à ce qu'il peut et veut faire, le candidat à l'emploi visite les *jobboards* et crée des alertes pour recevoir les offres en adéquation avec le poste qu'il recherche. On ne peut certes pas parler ici de dimension plaisir, mais plus d'une action facile qui peut donner l'impression de gérer le temps que l'on appréhende de perdre.

Profitons donc de Laborit pour distiller quelques antidotes.

Antidotes

- Avant de se lancer dans une recherche d'emploi, et donc de postuler aux offres en ligne, il est essentiel de **prendre le temps de la réflexion** et de peaufiner ses argumentaires. Dans un entretien de recrutement, on doit convaincre. Imaginez qu'un recruteur vous contacte suite à votre candidature sur Internet. Êtes-vous fin prêt pour les entretiens qui vont suivre ?

- **Démarrer sa recherche d'emploi avec méthode et rigueur.** L'objectif est alors de se resituer, entre les rives professionnelles que l'on vient de quitter et celles vers lesquelles on aimerait mettre le cap, puis de créer les conditions favorables pour que le vent soit porteur.

Il est nécessaire de bien définir en amont son projet de repositionnement professionnel en adéquation avec ses compétences, sa connaissance d'un environnement métier et/ou secteur, et ses aspirations personnelles. Une fois son projet défini, il est utile d'en vérifier l'efficience sur le terrain, en le présentant à des professionnels qui apporteront leur regard et leurs conseils. Ensuite, il peut être utile de faire bouger les lignes de son projet en fonction de l'actualité de son marché/secteur/environnement métier : un bon projet doit répondre à un besoin conjoncturel.

On pourra alors mener sa recherche de façon ordonnée : métier recherché et rémunération attendue, secteur d'activité visé, secteur géographique souhaité.

.../...

Et selon les résultats de sa campagne de recherche : faire évoluer progressivement le cœur de cible de l'un ou l'autre de ces trois indicateurs. L'accompagnement par un coach en mobilité professionnelle permet de façon très personnalisée de définir et d'ajuster en permanence tous les paramètres d'une recherche d'emploi. C'est notamment pour cela que les personnes qui bénéficient d'un *outplacement* se repositionnent statistiquement plus rapidement que les autres.

Il est donc essentiel de commencer par... fermer son ordinateur !

■ Loi de Pareto

« L'essentiel prend 20 % du temps et de l'espace, l'accessoire 80 %. »

L'économiste italien Vilfredo Pareto a fait le constat que 80 % des richesses sont détenues par 20 % de la population. Cette loi formulée en 1906 est devenue empirique et se vérifierait dans tous les domaines. On dit ainsi que 80 % des effets sont produits par 20 % des causes.

Peut-on l'extrapoler à la recherche d'emploi et affirmer que 20 % du travail accompli produit effectivement 80 % des résultats ?

Ce que notre expérience de l'*outplacement* nous permet d'affirmer de façon certaine, c'est qu'une recherche ciblée et en bonne concordance avec son projet professionnel donne de meilleurs résultats qu'une recherche « tous azimuts ». Or de nombreuses personnes en quête d'un emploi ont tendance à répondre à toutes les offres qui passent et qui sont plus ou moins en adéquation avec leur profil, leur projet et les secteurs initialement visés.

S'il faut savoir élargir progressivement les critères de sa recherche selon la réalité du marché et les résultats constatés dans sa campagne de recherche, il est inutile de partir dans tous les sens, ce qui confirmerait la loi de Pareto.

Quant à la navigation menée sur Internet pour un repositionnement professionnel, oui, la loi de Pareto se confirme ici particulièrement tant ce média s'avère particulièrement propice à l'évasion vers d'autres centres d'intérêt.

Antidotes

- **Mener sa recherche d'emploi avec méthode et rigueur.** Nous l'avons vu plus haut. Cet antidote est aussi valable ici.
- Prolongement naturel de l'antidote précédent : **Ne pas passer son temps à visiter et revisiter les *jobboards* !** Si l'objectif d'un bon taux de clics est stratégique pour l'éditeur d'un site emploi, il ne l'est pas forcément pour l'utilisateur.
- L'antidote est ici de créer des alertes et des flux RSS en bonne concordance avec ses critères de recherche pour que l'information pertinente vienne directement à soi (page personnalisée, messagerie...).
- **Ne pas se laisser séduire par des liens chronophages** et s'en tenir à ses objectifs initiaux ! C'est essentiel.

■ Loi de Carlson

« Faire un travail en continu prend moins de temps qu'en plusieurs fois. »

« Le temps perdu à cause de l'interruption d'une tâche est supérieur au temps de l'interruption. »

Dans les années 1950, Carlson a observé l'activité de managers pour constater qu'ils étaient interrompus toutes les 20 minutes en moyenne. Il a aussi remarqué qu'il faut au moins 3 minutes au cerveau pour se reconcentrer sur l'action interrompue. Ce laps de temps est propice à l'éparpillement surtout si le sujet à traiter est laborieux, ce qui est somme toute le cas lors d'une recherche d'emploi.

Tout travail interrompu est donc moins efficace que s'il était effectué de manière continue.

Dans le cadre d'une mobilité professionnelle, on retrouve aussi la question des repères géographiques et horaires perdus, qui provoquent l'abaissement des cloisons entre vie personnelle et professionnelle.

Une personne en recherche d'emploi peut être facilement distraite par des contingences d'ordre privé (demande de service d'un proche, coup de téléphone d'une amie, machine à laver à mettre en route, enfant à aller chercher à l'école…).

Au fur et à mesure des interruptions, on perd de plus en plus en concentration. Et l'interruption s'avère de fait particulièrement chronophage.

Rappelons également le rôle néfaste des liens Web et autres publicités qui, non maîtrisés, peuvent rapidement distraire l'internaute.

Antidotes

- **S'efforcer de ne pas se faire distraire.** La distraction vient d'un lien Internet aguicheur, d'un coup de téléphone, de son smartphone bourré d'applications en tous genres, d'une envie de se restaurer, d'une pulsion pour allumer la TV, etc.

- **S'isoler !** Isolez-vous idéalement dans une pièce où vous ne serez pas dérangé. Si l'on ne peut pas s'organiser chez soi, rappelons que les espaces physiques proposés par les cabinets d'*outplacement* sont une bonne réponse à cette nécessité. Lorsque l'on est concentré sur une action, désactiver le signal sonore d'arrivée de ses mails. Si l'on n'attend pas d'appel urgent, mettre également son téléphone sur répondeur. Que l'on se rassure, cela ne durera que le temps de se concentrer sur son objectif !

- **Se fixer un objectif de navigation sur Internet, ne pas le perdre de vue, et s'y tenir.** Difficile cependant de ne pas succomber aux sirènes des liens potentiellement intéressants ! Si l'on ne peut pas résister, il suffit d'ouvrir une page de traitement de texte et d'y coller tous les liens aguicheurs pour y revenir plus tard ! On peut même aller jusqu'à noter sur son agenda un temps ultérieur pour explorer les liens repérés. L'essentiel est de rester aux commandes de son emploi du temps !

- **Ne faire qu'une activité à la fois.** Vider son espace de travail de tout dossier ou document en cours qui n'attend que de nous distraire et maintenir le cap sur un sujet jusqu'à son aboutissement avant de passer à autre chose.

- **Faire la chasse aux voleurs de temps.** 1) Les identifier ; 2) intégrer les incontournables dans son emploi du temps ; 3) éliminer drastiquement les autres.

■ Loi de Illich

« Au-delà d'un seuil de travail horaire, le temps passé n'est plus efficace. »

En marge de ses travaux sur l'éducation Ivan Illich, penseur autrichien, a adapté l'approche des économistes classiques sur les rendements décroissants à l'activité humaine et fait le constat qu'« au-delà d'un certain seuil, l'efficacité humaine diminue jusqu'à devenir négative ».

C'est la loi des rendements décroissants. Au bureau ou à l'école, au-delà de 90 minutes, l'attention est en chute libre. La journée non-stop ne rend pas plus efficient.

Alors comment traduire cette loi dans le cadre d'une recherche de job ?

Une première réalité s'impose : rechercher un travail constitue une activité professionnelle en tant que telle, mais ne nécessite pas une action à plein-temps. Disons globalement que la recherche d'emploi prend entre 50 % et 60 % du temps. C'est utile de le savoir pour éviter de culpabiliser sur la notion de « temps libre ». Et pour ceux qui s'offusqueraient que les « chômeurs » aient du temps pour eux, force est de constater que retrouver du travail peut s'avérer particulièrement épuisant pour les nerfs et qu'une recherche efficace suppose une bonne santé physique et morale, d'où la nécessité d'avoir du temps pour « respirer ».

Un second point est observé : l'ennui comme le stress généré par l'inquiétude de ne pas trouver rapidement un job génèrent des comportements « boulimiques » qui conduisent la personne à passer ses journées devant son ordinateur, à la quête de tout ce qui peut l'occuper ou faire avancer sa situation. Cet asservissement à l'ordinateur se nourrit de l'espace-temps libre induit par le fait de ne pas être en poste. L'irruption d'Internet dans le paysage de la recherche d'emploi pourrait faire empirer les choses à ce niveau.

Antidotes

- **Se fixer des plages de travail !** Jamais plus d'une demi-journée devant (ou derrière) son ordinateur. Et puis faire des pauses régulières (mais pas fréquentes ! Attention à la loi précédente) pour maintenir un bon niveau d'efficacité.

.../...

- **Varier son activité de recherche !** Investigation sur Internet, actualisation de son profil sur les réseaux sociaux, blogs, groupes de discussion, rencontres sur le terrain, courriers divers... La variété est source de richesse, pourvu qu'elle ne cède pas à l'éparpillement.

- **Prendre conscience que sa recherche d'emploi est une activité à temps partiel.** Et ne pas chercher à tout prix à occuper 100 % de son temps pour trouver un futur job.

- **Se faire plaisir !** Faire du sport, sortir, explorer de nouveaux centres d'intérêt. Le temps que l'on prend pour soi constitue de saines pauses qui permettront de bien dormir et de se sentir en pleine forme. C'est important pour affronter les péripéties d'une recherche, et les recruteurs préfèrent un candidat au top de sa forme physique et morale. Et puis si l'on culpabilise, il faut bien se dire que cela ne durera pas : lorsque l'on retrouve du travail, on est à nouveau soumis aux horaires professionnels. C'est le moment de se refaire une santé !

Les lois du temps adaptées à chaque profil...

Si les lois du temps concernent bien toutes l'ensemble des profils, nous proposons ici un rapide focus mémo des lois particulièrement adaptées à chacun :

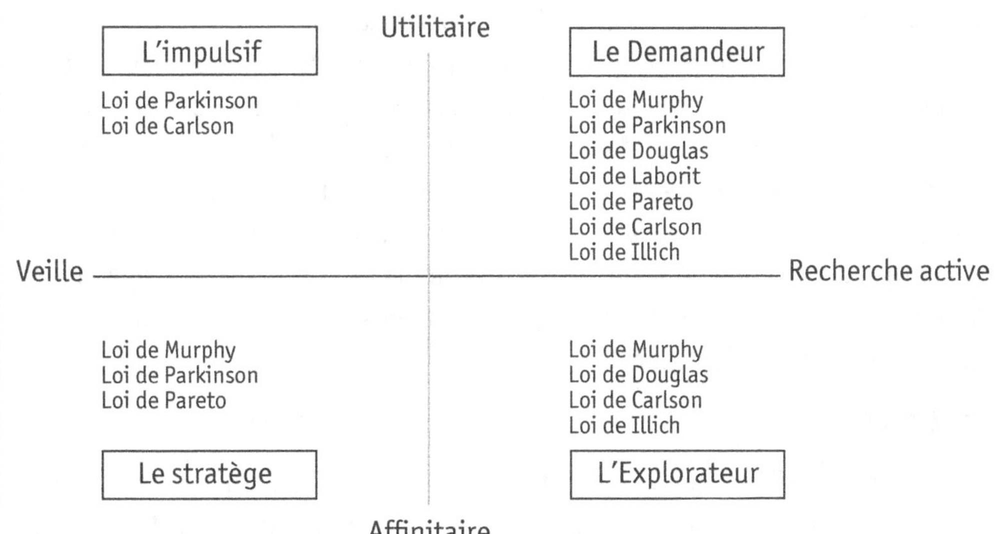

L'Impulsif

Il devra principalement veiller à se fixer une échéance pour finaliser sa mobilité professionnelle, au risque de ne jamais la rendre effective. Et lorsqu'il engage un travail sur son évolution professionnelle, qu'il ne se laisse pas déborder par des mangeurs de temps.

.../...

Le Demandeur

Il a fort à faire pour optimiser son temps, et toutes les lois citées le concernent :

- Dissocier le temps pour soi et le temps pour sa recherche.
- Inscrire sa recherche d'emploi dans une échelle de temps suffisante pour la mener à bien.
- Se fixer des objectifs et des délais.
- Définir son projet de repositionnement et toutes les composantes de sa stratégie de recherche.
- Ne pas répondre à toutes les offres qui paraissent.
- Ne pas interrompre un travail commencé et non terminé.
- Faire attention aux voleurs de temps et notamment aux liens chronophages.
- Garder des plages horaires pour gérer l'imprévu.
- Bien ranger ses dossiers pour en tirer le meilleur bénéfice.
- Et savoir prendre du temps pour soi !

L'Explorateur

Il veillera à bien respecter ses objectifs d'investigation sur le Web et n'oubliera pas de sauvegarder ses dossiers de contenus dans le *cloud*. Il sera particulièrement attentif à mener un travail de réseau efficace autant sur Internet que sur le terrain, c'est-à-dire profitable à son projet professionnel. Sur les réseaux sociaux, il sera particulièrement attentif aux sollicitations boulimiques qu'il pourrait faire et aux demandes de mise en relation qu'il pourrait accepter. Sur le terrain, il évitera de faire des rencontres uniquement pour le plaisir ou bien pour augmenter son palmarès de rendez-vous. Attention aux agendas surchargés car l'imprévu existe. Enfin, il est important qu'il prenne également du temps pour lui, afin de rester toujours au mieux de sa forme : le terrain est aussi passionnant qu'épuisant !

Le Stratège

Il fera attention à ce que le quotidien ne l'emporte pas sur la contribution qu'il peut apporter sur le Web pour alimenter l'intelligence collective sur les thématiques de son choix. Ce serait par ailleurs nuisible à la mise en valeur de son positionnement professionnel et donc à son e-réputation. Attention également à l'éparpillement possible sur le Web ! Il sera également attentif à ne pas trop surcharger son emploi du temps au risque de perdre en efficacité et de ne pas pouvoir gérer l'imprévu. Il devra également inscrire la gestion de son action et donc de son temps dans la durée.

Se prémunir du risque d'addiction

■ Esclave du temps, esclave d'Internet

La cyberdépendance entraîne un besoin excessif et obsessionnel d'ouvrir son ordinateur et de se connecter à Internet. Achats en ligne, consultation récurrente des mêmes sites, jeux vidéo, réseautage, sont autant de modes d'utilisation d'Internet qui peuvent devenir problématiques à partir du moment où ils interfèrent sur la vie quotidienne. Il peut alors véritablement s'agir d'une « toxicomanie sans drogue », selon le terme utilisé historiquement par le médecin et psychanalyste autrichien Otto Fenichel.

Plusieurs symptômes apparaissent comme une incapacité à arrêter sa navigation sur Internet, un besoin de passer de plus en plus de temps en ligne, une sensation d'euphorie puis de lassitude, un détachement de son environnement, des mensonges répétés à l'égard de ses proches, une perte de confiance en soi, de l'anxiété, de la dépression et de l'irritabilité. Ajoutons à cela des conséquences physiques telles que des maux de tête et de dos, les yeux rouges, voire secs, une mauvaise hygiène corporelle et des insomnies.

Dans un contexte de recherche d'emploi où les repères géographiques, horaires et relationnels sont souvent mis à mal, Internet peut s'avérer redoutable dès lors que son utilisation n'est plus contrôlée. L'addiction entraîne alors la dépendance, l'isolement et la perte d'estime de soi. Il est à ce stade urgent d'agir.

■ Chronologie d'une addiction annoncée

Pour une personne en situation de recherche d'emploi, Internet donne une première impression de fantastique Eldorado, une réelle ouverture vers le monde de l'emploi. *Jobboards*, espaces carrières des entreprises, sites des chasseurs de têtes sont autant de modes d'accès privilégiés pour trouver un job. Et l'on fait son CV, puis on le peaufine pour le rendre *online*.

Le CV en poche ou du moins en ligne, on postule aux offres d'emploi, en se disant que finalement, trouver un job n'est pas si compliqué que cela.

Mais les offres se raréfient parfois et il arrive que les candidatures soient sans retour. Nombre de recruteurs n'ont en effet pas encore intégré que la moindre des choses quand on vous sollicite, c'est de répondre. Un coup de téléphone pour relancer le recruteur (ou le chasseur) et la réponse se fait parfois cinglante : « Inutile de nous relancer, on vous répondra en temps et heure. » La relance, on ne s'y frottera alors plus trop, sauf urgence.

Coup de téléphone du recruteur, prise de rendez-vous. Chic ! Un entretien. On y va. Réponse sous huitaine, négative. Ce n'était pas le bon, cela arrive.

On redouble alors de candidatures sur le Web et l'on attend. Pas de réponse. Il faut dire qu'il y a des centaines de postulants pour une offre. La loi statistique est parfois impitoyable !

On pense alors que la conjoncture est mauvaise, mais on ne perd pas espoir.

Et puis le temps passe et les entretiens se font rares, voire inexistants. On refait alors son CV, et l'on y revient, l'incriminant de tous les maux. Mais toujours pas de résultats. La conjoncture est décidément pourrie !

Heureusement, il y a des tests de personnalité et pleins de conseils et astuces pour devenir un champion de la recherche d'emploi. On passe alors des « six incontournables pour réussir son CV » aux « 5 erreurs à ne pas commettre en entretien », sans omettre « la règle des dix commandements de la recherche efficace » et autres ressources utiles, c'est bien connu.

Mais toujours pas de réponse. Cette fois, c'est sûr, c'est un constat plus grave que l'on fait. Et si c'était moi ? Et puis l'on commence à douter de son employabilité, de ses compétences, et finalement de soi…

Seul, à la maison. Les proches qui furent de bons conseils ne disent plus rien de peur de se faire rabrouer (il faut dire qu'ils n'ont jamais rien compris à la situation). La famille désespère et cela se voit, et cela fait mal. Les ex-collègues et voisins se font rares et changent de trottoir (vous comprenez, la contagion).

Et toujours seul, chez soi, décidément personne n'y comprend rien à rien. Heureusement il y a Internet, une fenêtre sur le monde, une fenêtre où l'on respire, une fenêtre où l'on discute, une fenêtre pour occuper le temps. Et comme il devient long ce temps qui passe si vite finalement.

En guise d'antidote...

Lorsque l'on pressent un risque d'addiction à Internet dans le cadre de sa recherche d'emploi, la première chose à faire est de fermer son ordinateur et de repenser sa stratégie de recherche, voire de redéfinir son projet professionnel.

Si ce dernier est flou, il est essentiel d'en redessiner les contours : quelle offre professionnelle, en réponse à quel besoin, auprès de quelles cibles, sur quels secteurs géographiques… quelles justifications pour étayer ses compétences…

Ensuite, il est utile d'inscrire sa recherche dans une dynamique de type 60 % de terrain (entretiens de réseau, de recrutement, visite de salons, etc.) ; 40 % Web (inscription sur les *jobboards*, profil déposé sur des sites carrières d'entreprises, alimentation des réseaux sociaux, de son blog…).

Enfin, il est nécessaire de devenir pilote de la gestion de son temps, et non passager. Cela suppose de relire les antidotes proposés plus haut dans le cadre des sept lois du temps.

Et comme il est souvent difficile de mettre tout cela en œuvre sans l'aide de personne, ne pas hésiter à s'adjoindre les compétences d'un professionnel de la transition de carrière (coach, outplaceur, conseiller emploi).

Si vous sentez que votre addiction dépasse le cadre de la recherche d'emploi et si vous n'arrivez pas à vous en sortir, n'hésitez pas à consulter un médecin.

Test : êtes-vous *Webjob addict* ?

1. Je consulte mes mails :			
• Une ou deux fois par jour, cela me suffit.	A		
• Dès que l'alerte sonore m'avertit qu'un nouveau message est arrivé.		B	
• Je reviens fréquemment sur ma boîte mail, et je parcours ceux que j'ai déjà reçus.			C

.../...

<table>
<tr><td colspan="4">

2. Mon utilisation des sites emploi et métamoteurs.

• J'ai créé des alertes et je consulte les offres que je reçois.

• Je reviens souvent sur les sites emploi, au cas où.

• Je parcours les sites et je consulte la plupart des articles pour occuper mon temps.

</td></tr>
</table>

	A	B	C
2. Mon utilisation des sites emploi et métamoteurs.			
• J'ai créé des alertes et je consulte les offres que je reçois.	A		
• Je reviens souvent sur les sites emploi, au cas où.		B	
• Je parcours les sites et je consulte la plupart des articles pour occuper mon temps.			C
3. Ma gestion des espaces carrières sur les sites des entreprises.			
• J'ai déposé mon profil et créé une alerte et un abonnement flux RSS (quand c'est possible).	A		
• Je vais très souvent sur le site de l'entreprise, au cas où.		B	
• Je vais sur le site, puis je me lasse et passe à autre chose.			C
4. Ma présence sur les médias sociaux (réseaux sociaux professionnels RSP et sites blog).			
• J'ai complété mon profil sur un ou des RSP, et j'en exploite régulièrement les fonctionnalités.	A		
• C'est indispensable, mais j'ai tendance à y passer trop de temps.		B	
• J'y vais sans grande conviction et je passe à autre chose sur le Web.			C
5. Ma stratégie de recherche d'emploi, c'est :			
• 60 % terrain (entretiens réseaux, entretiens recrutement, salons professionnels, etc.) et 40 % Internet (sites emploi, réseaux sociaux, blog, etc.).	A		
• 90 % Internet (sites emploi, réseaux sociaux, blog, etc.) et 10 % terrain (entretien de recrutement).		B	
• 100 % Internet, mais en fait pas vraiment pour ma recherche d'emploi…			C
6. Concernant ma navigation sur Internet.			
• Je sais dès le départ ce que je vais chercher et je m'y tiens, sans occulter la possibilité de cliquer sur un lien intéressant pour mon objectif professionnel.	A		
• Je sais au départ ce que je veux chercher, mais j'ai tendance à m'éloigner de mon objectif.		B	
• Je navigue sur Internet pour passer le temps, et sans grande conviction pour ma recherche.			C
7. À propos de certains sites autres que ceux utiles à la recherche d'emploi.			
• J'y vais mais jamais quand je mène ma recherche.	A		
• J'ai tendance à y aller assez souvent, même durant mon temps de recherche.		B	
• J'y vais souvent car je ne peux pas m'en passer.			C
8. Mon temps de navigation.			
• En moyenne, 2 heures maximum par jour, c'est suffisant.	A		
• J'ai tendance à dépasser le temps que je me fixe.		B	
• Je n'ai pas défini de temps de navigation, c'est plutôt tout au long de la journée, avec des pauses.			C

…/…

9. Je n'ai plus accès à Internet durant 48 heures.			
• C'est fâcheux, mais il y a d'autres choses à faire dans le cadre de ma recherche et au-delà.	A		
• Là c'est galère, je ne sais plus quoi faire.		B	
• Je me mets sous la couette ou devant la TV en attendant d'y avoir à nouveau accès.			C
10. Globalement, je dirais qu'Internet, c'est :			
• Un outil parmi d'autres modes d'actions pour mener ma recherche d'emploi.	A		
• L'outil de prédilection pour retrouver un job, et se changer les idées.		B	
• Un passe-temps indispensable pour se changer les idées quand on est au chômage.			C
11. Le regard de mes proches.			
• Ils sont sereins car ils savent que je maîtrise ma stratégie de recherche.	A		
• Ils ont tendance à me reprocher d'être trop souvent sur mon ordinateur.		B	
• Ils ne comprennent pas que je n'ai pas grand-chose d'autre à faire que d'aller sur Internet.			C
12. Le regard que je porte sur moi-même.			
• Tout va bien, même s'il y a des hauts et des bas.	A		
• Ce n'est pas facile, j'ai tendance à perdre confiance en moi.		B	
• Je suis fataliste et déprimé, et je n'ai pas une bonne opinion de moi-même.			C
TOTAL (Nombre de A, B ou C entourés)			

Si vous avez une majorité de A

Internet est un outil utile à votre recherche d'emploi et vous en maîtrisez parfaitement l'usage.

Vous avez compris à juste titre que la recherche d'emploi ne s'effectue pas sur Internet mais avec Internet, gage d'efficacité et de réussite. Et comme une transition professionnelle peut s'inscrire dans la durée, gardez bien ce cap ; vous atteindrez votre objectif.

Si vous avez une majorité de B

Vous savez qu'Internet est utile pour votre recherche d'emploi, mais vous avez tendance à vous évader sur le Web, ce qui peut conduire à une cyberdépendance. Réfléchissez à une meilleure gestion de votre temps avec le Web. Fixez-vous des objectifs clairs et tenez-vous-y. Imposez-vous des temps de consultation limités et efforcez-vous de prévoir des temps de déconnexion à Internet, voire de fermer votre ordinateur de temps à autre. Reprenez les antidotes proposés tout au long du parcours des sept lois du temps.

.../...

Si vous avez une majorité de C

Vous développez une véritable addiction à Internet, ce qui fait de vous un cyberdépendant. Vous risquez de vous isoler de plus en plus, voire de perdre le contact avec la réalité.

À ce stade, nous vous recommandons de vous faire aider par un professionnel (coach, conseil en mobilité professionnelle). Il vous aidera à reprendre confiance en vous, et vous accompagnera pour mener à bien votre recherche d'emploi. Et si vous avez l'impression de perdre totalement le contrôle, au-delà même de votre situation de chômage, consultez un médecin.

Un exemple de plan de journée

PLAN DE JOURNEE				Date :

Contacter / relancer

⚠ URGENT — OK

à faire	Priorité 1, 2, 3	Durée	OK

Candidatures

Divers

actualiser
visiter
partager — Durée prévue

Mes rendez-vous

08 H 00	15 H 00
09 H 00	16 H 00
10 H 00	17 H 00
11 H 00	18 H 00
12 H 00	19 H 00
13 H 00	20 H 00
14 H 00	21 H 00

Bilan de ma journée   ☺ · ☹   **Mes notes**

Exemple de matrice Excel de suivi d'une recherche d'emploi, avec séquencement hebdomadaire

	Suivi HEBDOMADAIRE CHALLENGE RECHERCHE	sem pts	2 AU 6 SEPT	9 AU 13 SEPT	16 AU 20 SEPT	23 AU 27 SEPT	30 SEPT AU 4 OCT	7 AU 11 OCT	14 AU 18 OCT	21AU 25 OCT	28 AU 31 OCT
WEB	Retombées Alertes mails et flux RSS	5	25	10	15	5	20	0	0	0	0
	Actualisation & suivi media sociaux	5	0	0	0	5	5	0	0	0	0
	Groupes thématiques	10	10	0	10	0	0	0	0	0	0
	Investigation et curation contenus	10	10	0	11	0	0	0	0	0	0
	Contacts qualifiés-mise en relation	15	0	0	0	0	0	0	0	0	0
TERRAIN	Annonces & Cand. Spontanées	5	25	10	15	5	20	0	0	0	0
	Cours Anglais	5	0	0	0	5	5	0	0	0	0
	Formations de qualification	10	10	0	10	0	0	0	0	0	0
	Salons Pro Conventions	15	0	0	0	0	0	0	0	0	0
	Entretiens Réseau Niv 1	20	0	0	0	20	0	0	0	0	0
	Entretiens Réseau Niv 2 et +	30	0	0	0	0	60	0	0	0	0
	Entretiens Présentation Cab Recrut	40	0	0	0	0	40	0	0	0	0
	1er entretien de Recrutement	50	0	0	50	0	0	0	0	0	0
	2e entretien de Recrutement	65	0	0	0	65	0	0	0	0	0
	3e entretien de Recrutement +	80	0	0	0	0	80	0	0	0	0
	Proposition d'Engagement	150	0	0	0	0	0	0	0	0	0
			35	10	75	95	230	0	0	0	0
	Bonus Sport & loisirs	5	1	1	1	1	1	0	0	0	0
	Bonus Famille/Amis	3	3	3	3	3	3	0	0	0	0
	Bonus Culture	5	0	0	0	0	5	0	0	0	0
	Absence = Malus** !!!	-50	0	0	0	0	0	0	0	0	0
	Résultat par rapport à l'Objectif...		39	14	79	99	239	0	0	0	0
			200	200	200	200	200	200	200	200	200
			20%	7%	40%	50%	120%	0%	0%	0%	0%

Bonus (attention ne concerne que les jours de la semaine et pas le week-end !!!) :
catégorie sport : 1 pt/km jogging/2kmsVélo/100mNation,10pts/hreTennis, 1/4hrShopping
catégorie famille/amis : 3 points par déjeuner ou dîner ou pour 2h passés en compagnie d'amis ou de la famille (en dehors des moments « classiques » familiaux bien sûr)
catégorie culture : 5 points par expo, ciné, théâtre, conférence...

*** Malus = ne pas avoir mis le nez dehors de la journée, ou bien être resté(e) en pyjama toute la journée, ou avoir travaillé plus de 2 h le WE*

Partie 2

Utiliser des outils
adaptés à ses objectifs

Dans la première partie de cet ouvrage, vous avez identifié votre posture de mobilité professionnelle, défini votre projet, clarifié vos objectifs, formalisé les atouts qui vous différencient, ajusté votre promesse de marque et vos cibles en fonction de votre positionnement professionnel.

Vous avez également pris conscience de la nécessité d'une bonne gestion de votre temps.

Nous allons maintenant consacrer cette seconde partie aux outils du Web collaboratif. Loin de nous l'idée de vous proposer un guide exhaustif. Il aurait été obsolète à l'heure même où nous rédigeons ces lignes. De nouvelles fonctionnalités viennent régulièrement enrichir les outils qui existent sur le marché, et de nouveaux dispositifs fleurissent chaque jour sur la Toile.

Nous avons préféré vous présenter une sélection adaptée à différents objectifs possibles : assurer une veille efficace, organiser sa présence sur les médias sociaux, développer ses réseaux et bâtir une stratégie d'influence.

Mais commençons déjà par observer le marché de l'emploi sur Internet, par comprendre les pratiques des recruteurs et par avoir un premier aperçu des marchés que l'on cible…

■ ■ ■

Chapitre 5

Étape 1 : comprendre le marché de l'emploi sur Internet

Panorama du marché et pratiques des recruteurs

Le marché de l'emploi sur Internet est encore jeune et les entreprises comme les personnes physiques y viennent progressivement, avec des stratégies d'action plus ou moins élaborées. Certes, il faut « être présent », mais pas de n'importe quelle façon. Les clichés à la mode et les bons conseils qui fusent de partout peuvent détourner l'individu de son objectif initial ou aseptiser sa présence digitale par des pratiques convenues.

Pour sortir du lot, attirer l'attention du marché que l'on cible, le surprendre, le rassurer, le convaincre, il est nécessaire d'abord de bien le connaître, de l'observer pour lui dédier progressivement une communication adaptée là où il se trouve.

Avant de se lancer à la conquête du marché de l'emploi sur Internet, il est donc essentiel de bien le comprendre pour développer une stratégie d'action personnalisée et efficace.

■ À quoi ressemble le marché de l'emploi des cadres aujourd'hui ?

Peut-être avez-vous entendu parler du marché caché et du marché ouvert. Pendant très longtemps, on a considéré et opposé ces deux marchés comme deux univers distincts auxquels seul un réseau professionnel solide – ou celui de ses proches – permettait d'accéder pleinement, puisque le marché caché représentait 70 % des recrutements de cadres. Il fallait donc être chanceux ou privilégié pour y avoir accès. Aujourd'hui les choses ont bien changé, le marché caché s'ouvre considérablement et cela fait partie des avantages apportés par le Web 2.0. Avec l'utilisation d'Internet et des outils 2.0 vous pouvez accéder à 94 % du marché de l'emploi des cadres. De quoi redoubler d'intérêt pour les outils collaboratifs et justifier encore une fois leur importance dans une démarche de gestion de carrière et de recherche d'emploi.

Marché de l'emploi des cadres 2013

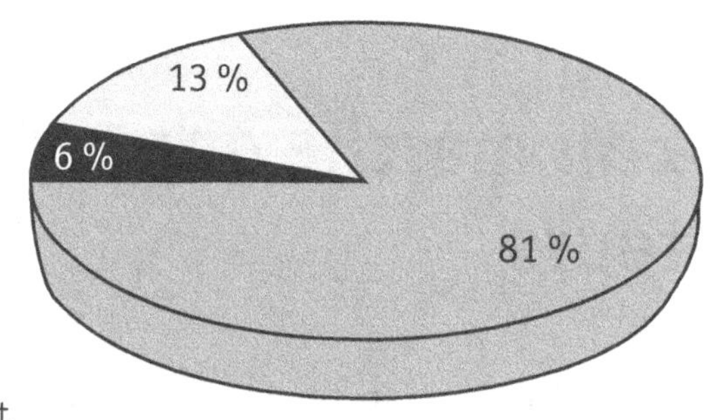

☐ Marché transparent
■ Marché caché
☐ Marché accessible *via* les actions du candidat (sites entreprises, réseaux sociaux, etc.)

Source : *Apec 2013.*

Quelques définitions

Marché transparent : lorsqu'un recrutement donne lieu à la diffusion d'une offre d'emploi. En 2012, 81 % des recrutements de cadres ont donné lieu à la diffusion d'une offre de poste, 9 % d'entre elles ont été diffusées exclusivement sur le site de l'entreprise.

.../...

Marché accessible *via* les actions et initiatives du candidat : lorsque l'entreprise ne diffuse pas d'offre mais privilégie les canaux des candidats actifs sur le Web (CVthèque, réseaux sociaux...). Ce segment a représenté 13 % de l'emploi cadre en 2012.

Marché caché : lorsque l'entreprise mobilise uniquement son réseau de relations, la cooptation des salariés, les associations d'anciens élèves ou la chasse. En 2012, le marché caché a représenté 6 % du marché de l'emploi cadre.

Avec une bonne utilisation des outils 2.0, vous pouvez agir sur le marché caché :

- Faites partie du réseau de l'entreprise ou du recruteur.
- Faites-vous coopter par un membre de l'entreprise.
- Soyez inscrit dans une association d'anciens élèves.
- Faites-vous repérer sur la Toile par un chasseur.

N'y aurait-il alors plus vraiment de marché caché ? C'est une question de point de vue sans doute, mais considérons de façon plus pragmatique que vous disposez de la possibilité d'ouvrir plus largement la porte de ce marché.

■ Votre « marché cible » est-il caché, accessible ou bien transparent ?

Segments des marchés emploi par secteurs d'activité

Secteurs	Caché	Accessible	Transparent
Industrie	7 %	12 %	81 %
Automobile-aéronautique mécanique	8 %	13 %	79 %
Chimie-pharmacie-énergies	7 %	17 %	76 %
Équipements électriques et électroniques	8 %	88 %	88 %
Construction	7 %	23 %	70 %
Commerce	9 %	11 %	80 %
Commerce interentreprises	6 %	13 %	81 %
Distribution	11 %	10 %	79 %
Services	6 %	12 %	82 %
Activités informatiques	–	5 %	95 %
Ingénierie-R & D	5 %	95 %	87 %
Banque-assurances	3 %	13 %	84 %
Services aux entreprises	8 %	18 %	74 %

Secteurs	Caché	Accessible	Transparent
Transports-logistique	8 %	18 %	74 %
Hôtellerie-restauration-loisirs	17 %	9 %	74 %
Communication-médias	6 %	11 %	83 %
Santé-action sociale	7 %	11 %	82 %
Ensemble des secteurs	6 %	13 %	81 %

Source : *Apec 2013.*

Et selon la taille, quelles sont les pratiques des entreprises que vous ciblez ?

Effectifs	Caché	Accessible	Transparent	Total
50 à 99 salariés	8 %	17 %	75 %	100 %
100 à 249 salariés	8 %	16 %	76 %	100 %
250 à 999 salariés	4 %	10 %	86 %	100 %
1 000 salariés et +	4%	6%	90%	100 %
Ensemble	6 %	13 %	81 %	100 %

Source : *Apec 2013.*

Comment identifier votre marché cible

Reportez sur votre passeport de marque personnelle
- Votre marché cible par segment d'activité :
  - Caché : ... %
  - Accessible : ... %
  - Transparent : ... %.
- Votre pourcentage d'accessibilité marché cible « transparent + accessible » = ... %. Plus celui-ci est élevé, plus votre potentiel d'accessibilité au marché de l'emploi sera fort. En plus d'être actif et en veille sur le marché transparent, vous devez viser à faire la différence là où vos concurrents ne sont pas présents ou presque, à savoir « le marché accessible » et « le marché caché ».

■ Structure du marché de l'emploi dit « transparent » sur Internet

Médias	Pourcentage d'utilisation
Sites d'emploi externes – tous confondus	71 %
Site de l'entreprise ou du groupe	55 %
Presse	11 %
Site d'emploi généraliste – cadre	49 %
Site d'emploi généraliste – non-cadre	21 %
Site d'emploi de niche ou sectoriel	15 %
Site d'emploi régional ou territorial	9 %
Réseaux sociaux professionnels	4 %
Site de Cabinet de recrutement ou d'Intérim	2 %
Site d'école	1 %
Autres sites	2 %

Source : Apec 2013, « Diffusion d'une offre d'emploi : principaux médias utilisés, plusieurs réponses possibles ».

■ De quelle façon les entreprises recrutent-elles sur Internet ?

Le marché de l'emploi a, comme la plupart des marchés, évolué à mesure que les nouvelles technologies se sont développées. En dix ans à peine, les pratiques sont passées d'une utilisation Internet en mode 1.0 à une utilisation 2.0. Cela implique que tous les acteurs ont dû s'adapter et apprendre à travailler différemment.

Évolution des outils d'Internet pour le recrutement

Fin des années 1990

Recrutement 1.0

Création des premiers sites d'annonces d'emploi et agrégateurs d'annonce

Au recrutement 1.0 statique et unilatéral des premiers sites emploi sont venus se rajouter des outils à usage de plus en plus participatif… Le recrutement 2.0 a offert aux candidats et aux recruteurs de se rencontrer sur un terrain neutre et d'échanger d'égal à égal sur un marché de l'emploi de plus en plus transparent et accessible.

1res CVthèques

Moteurs de recherche avec critérisation

Sites privés — Sites publics

Métamoteurs

Sites généralistes — Sites spécialisés — Sites par régions — Alertes

2004 à 2010

Recrutement 2.0

Réseaux sociaux professionnels — Réseaux sociaux privés et Grand Public

Blog Plateformes e-CV, CV vidéo…

Aujourd'hui

Applications mobile — Réseaux sociaux d'entreprise

Blog d'entreprise — Microblogging

Recrutement 3.0

Nous entrons aujourd'hui dans une phase intermédiaire où le recrutement 2.0 cède petit à petit sa place au recrutement 3.0, plus intuitif, personnalisé, sémantique, géolocalisé et plus… mobile encore…

En dix ans, nous sommes passés du « recrutement papier-presse » au « recrutement 2.0 ».

Source : *marque-personnelle-pro.com*

■ L'utilisation des réseaux sociaux par les recruteurs

Même si toutes les études s'accordent à dire qu'ils n'emportent pas la préférence des recruteurs en matière de diffusion d'offres d'emploi, les réseaux sociaux ont cependant profondément bouleversé leurs habitudes. En très peu de temps, ils ont su se faire une place importante dans l'univers du recrutement. Ils ont contribué à rendre l'information toujours plus accessible et à supprimer les intermédiaires entre l'offre et la demande. La troisième et dernière étude de Régions Job « Emploi & Réseaux sociaux » datée de novembre 2012, nous confirme que les recruteurs et les candidats sont bel et bien présents sur ces supports.

- 53 % des entreprises déclarent être présentes sur au moins un réseau social.

- 37 % des recruteurs déclarent avoir déjà engagé quelqu'un *via* un réseau social.

- les réseaux sociaux occupent la huitième place dans le rang des outils utilisés pour recruter.

- 45 % des recruteurs utilisent les réseaux sociaux pour recruter depuis plus ou moins 2 ans.

Le Top 4 des réseaux sociaux utilisés par les entreprises françaises interrogées :

1. Viadeo : 45 %.

2. LinkedIn : 33 %.

3. Facebook : 24 %.

4. Twitter : 20 %.

À quel moment de la journée publier sur les réseaux sociaux ?

Bien que ces données soient à prendre avec un certain recul, elles permettent de prévoir les moments les plus propices à l'utilisation de ces réseaux. Ces mêmes créneaux horaires sont repris par tous les influenceurs du Web. Bien entendu, ces indications ne remplacent en rien votre propre observation, car votre propre réseau se comporte peut-être différemment.

	Meilleures	Pires
Facebook	13 h-16 h	20 h-8 h
Twitter	13 h-15 h	20 h-9 h
Pinterest	14 h-16 h	17 h-19 h
	20 h-1 h	
Google +	9 h-11 h	18 h-8 h
LinkedIn	07 h- 09 h	22 h-6 h
	17 h-18 h	

Source : *Infographie de l'agence MyCleverAgency.*

Des stratégies et des outils du Web

« Si l'homme ne façonne pas ses outils, les outils le façonneront. »
Arthur MILLER

Sans vouloir entretenir la moindre psychose par rapport à Internet – vous aurez compris que nous sommes des pratiquants convaincus –, nous tenons vraiment à attirer votre attention sur l'importance d'en aborder les outils avec sérieux, stratégie et régularité. Car il s'agit bel et bien d'outils – parfois à double tranchant – qu'il est primordial de s'approprier, d'adapter à sa situation personnelle et de placer au service de son objectif professionnel – et non l'inverse. Ne vous laissez en aucun cas dicter votre comportement par l'outil lui-même ! Il existe toute une panoplie de solutions plus performantes et plus esthétiques les unes que les autres pour favoriser son e-réputation, développer son réseau et promouvoir son profil professionnel. Régulièrement, de nouveaux espaces voient le jour et convoitent vos faveurs en vous laissant penser qu'ils sont l'indispensable innovation qu'il vous faut pour être « dans le coup ! ». Avant d'ouvrir un compte, de renseigner une information, de prendre un abonnement payant, demandez-vous toujours en quoi cela va pouvoir servir votre projet . Pour vous permettre de répondre à cette question et à bien d'autres encore, nous aborderons ces outils sous le prisme bienveillant du *personal branding* et avec le souci permanent de vous donner toutes les clés pour les utiliser en complète autonomie. Nous éviterons de généraliser car nous préférons vous placer au cœur même du sujet. Inversement, nous veillerons à ne pas prendre parti pour un outil plutôt qu'un autre sans une explication claire et rationnelle. Chaque personne étant différente, chaque projet doit pouvoir être porté par une communication personnalisée et sur mesure. Il est important d'apprendre à choisir ses outils, non pas parce que « ON vous a dit que c'est très bien », mais parce que vous êtes convaincu que c'est « ce dont VOUS avez besoin ».

■ Mettre en place une stratégie sur Internet

Avant d'approcher, de décortiquer et de vous initier aux outils de gestion d'image et de réputation du Net, nous vous invitons à reprendre votre Passeport de marque personnelle et de vous référer à vos différents résultats de tests pour les traduire en objectif et stratégies. En effet, on ne le répète jamais assez, avec Internet il est essentiel d'avancer avec prudence et méthode. Votre stratégie de communication Web se constitue de l'ensemble des moyens et outils que vous allez mettre en place pour atteindre votre but : rendre votre positionnement professionnel visible auprès de vos cibles. En matière d'image et d'e-réputation, le questionnaire « Retour d'image » (p. 100) et l'analyse de votre « autodiagnostic d'e-réputation » (p. 118) vous auront permis d'identifier des objectifs prioritaires pour améliorer votre communication.

Exemples d'objectifs prioritaires

- Avoir une meilleure visibilité.
- Contrer certains préjugés.
- Améliorer ma communication professionnelle.
- Développer mon réseau professionnel.
- Être plus authentique.
- Etc.

Également, votre exercice SWOT (p. 85) a fait ressortir les forces de votre projet et les faiblesses avec lesquelles vous allez devoir composer. Votre projet lui-même est clairement défini ainsi que votre stratégie professionnelle grâce à l'exercice « Professional Copy Strategy » que vous avez réalisé (p. 87). Enfin votre profil vous permet de rester dans le cadre défini par votre mobilisation professionnelle actuelle. Si vous avez pris soin de faire vos exercices et d'en reporter soigneusement les résultats dans votre Passeport de marque personnelle, alors vous disposez de tout le nécessaire pour bâtir une stratégie de communication de marque ciblée, efficace et authentique.

Six objectifs clé pour une stratégie de communication efficace

Voici six objectifs ou préoccupations qui reviennent régulièrement en matière de communication de marque. Vous positionner par rapport à ces objectifs vous permettra de tirer pleinement profit de notre panorama des outils du Web, qui vous orientera dans vos choix en fonction des différentes facettes de votre stratégie globale.

Vos objectifs prioritaires : en matière de communication, quels sont les besoins que vous avez identifiés, et quelles sont vos priorités d'action aujourd'hui ?

Classez vos priorités de 1 à 4 en entourant la bonne réponse (*ex aequo* possibles) (*1 étant la priorité absolue, 4 étant le moins prioritaire*).

Objectifs	Explication	Classement prioritaire
Contenu	Votre projet professionnel n'est ni suffisamment ni efficacement représenté. Vous avez besoin de produire du contenu à l'attention de votre marché cible afin qu'il comprenne votre positionnement actuel et que les propositions que l'on vous adresse soient davantage ciblées.	1 – 2 – 3 – 4
Différenciation	La concurrence est dense ! Vous devez veiller à vous différencier et vous avez tout intérêt à faire ressortir vos atouts clés. Osez être là où l'on ne vous attend pas forcément. Surprenez et cultivez votre singularité.	1 – 2 – 3 – 4
Image	Votre image n'est pas clairement identifiée. Elle est quasi inexistante ou pas suffisamment valorisante pour votre projet professionnel. Vous devez gagner en homogénéité, peut-être contrer des idées reçues et rendre votre communication plus cohérente pour inscrire votre image en marque personnelle forte auprès de votre réseau.	1 – 2 – 3 – 4
Réseau	Vous avez besoin d'élargir l'impact de votre communication et de développer un réseau plus ciblé et qualitatif auprès duquel relayer vos actualités et votre projet professionnel.	1 – 2 – 3 – 4
Visibilité	Vous n'êtes pas assez visible et l'on ne vous trouve pas. Quand bien même vous avez créé des outils, vous ne sortez pas du lot, vous êtes noyé dans un océan d'homonymes ou d'informations diverses.	1 – 2 – 3 – 4
Veille	Votre priorité est de ne manquer aucune actualité sur votre secteur et de surveiller votre e-réputation, ainsi que vos concurrents.	1 – 2 – 3 – 4

Comment choisir ses outils 2.0 ?

En cas de doute, considérez quatre données indispensables pour une utilisation pertinente des outils du Web dans le cadre d'une mobilité professionnelle :

- Votre marché cible :
  - Est-il présent sur ce support ?
  - L'utilise-t-il également ?
  - Sera-t-il sensible à ce contenu ou cet espace ?

.../...

- Votre stratégie :
  - À quel besoin l'outil répond-il ?
  - En quoi sera-t-il efficace et pertinent ?
- Vos aptitudes techniques :
  - Mes compétences techniques me permettent-elles d'utiliser cet outil de manière optimale ?
  - Prendrai-je plaisir à l'utiliser ?
- Votre gestion de temps :
  - Cet outil me fera-t-il gagner plus de temps qu'il ne m'en prendra ?
  - Ai-je suffisamment de temps à lui consacrer ?

■ Savoir prendre en compte ses « affinités » avec les technologies

Quand on parle d'Internet, du Web 2.0, de réseaux sociaux, d'applications… on oublie parfois d'aborder le sujet de la technologie de l'information et de la communication qui nous permet d'accéder à ces médias et de les utiliser. Des ordinateurs, mais également des smartphones, des tablettes, des montres, et bientôt une multitude d'objets de notre quotidien nous relieront en permanence à Internet, pour notre plus grand confort. Nous pouvons recueillir de l'information, faire des achats, jouer… Mais de là à produire du contenu, diffuser de l'information, gérer sa recherche d'emploi, soigner son image professionnelle… Certains ont du mal à s'en sentir vraiment capable ! À tel point qu'ils n'ont à ce jour encore jamais créé de profil sur un réseau en ligne, ni même pris l'initiative de se créer une adresse mail à leur nom, laissant volontiers l'approche technique aux « plus qualifiés » de leur entourage proche.

Cette attitude est-elle sage ? Certainement ! Seulement quand on sait qu'aujourd'hui 75 % des entreprises du CAC-40 possèdent un réseau social d'entreprise (*source : Journal du Net*) et qu'en parallèle, on ne peut que constater l'évolution des pratiques des recruteurs sur Internet, la façon dont une personne utilise Internet dans sa recherche d'emploi en dit long sur son employabilité et sa capacité à s'adapter à cette nouvelle ère du « tout connecté », voire même sur son employabilité.

Dès lors que l'on effectue une recherche d'emploi ou que l'on aspire à évoluer, il est certes essentiel de se démarquer, mais il est tout aussi important de rassurer ses interlocuteurs et de montrer que l'on est ouvert aux évolutions technologiques car celles-ci ont également un impact direct sur les outils de management et de collaboration interne. Il suffit de constater les projets de développement de réseaux collaboratifs internes pour s'en assurer.

■ Osez !

Osez vous intéresser de près à Internet et à en utiliser les outils jusqu'à vous les approprier pleinement ! Or ce qui freine parfois les personnes, même lorsqu'elles sont convaincues et nous le constatons au quotidien, c'est la crainte de ne pas avoir un niveau de maîtrise informatique suffisant ; c'est la crainte de la complexité et la certitude de ne jamais parvenir à une autonomie suffisante sur ces médias.

■ Bonne nouvelle, le Web collaboratif est accessible à tous !

Rassurez-vous ! Aussi sophistiquées et pointues que soient les technologies nécessaires à leur bon fonctionnement, utiliser Internet pour promouvoir son profil professionnel est à la portée de tous ! Il existe bien entendu des outils plus complexes que d'autres, mais dans la grande majorité, la motivation des développeurs est de rendre accessible au plus grand nombre l'utilisation de leurs produits. Il y va de leur intérêt. Vous pourrez donc sans difficultés vous approprier les principaux outils présentés dans ce livre.

Testez votre niveau d'affinité 2.0, votre « Web-TIC-Affinité » avec l'exercice qui suit.

Test : quel est votre niveau « Web-tic-affinité » ?

Pour vous rassurer, nous avons pris soin de vous indiquer le niveau de difficulté de chacun : B (*beginner*) pour « niveau débutant », M (*middle*), pour « niveau intermédiaire », H (*high*) pour « bon niveau ».

.../...

	A	B	C
1. Mon matériel informatique			
• Je possède un ordinateur personnel.	A		
• J'ai accès à un ordinateur en usage partagé et/ou familial.		B	
• Je ne dispose pas d'un ordinateur à mon domicile.			C
2. Mon accessibilité à Internet chez moi			
• J'ai accès au WIFI.	A		
• J'ai Internet *via* l'ADSL sans WIFI.		B	
• Je n'ai pas d'accès à Internet.			C
3. Mes principaux équipements d'accès à Internet			
• Ordinateur + tablette + smartphone +…	A		
• Ordinateur + smartphone.		B	
• Ordinateur.			C
4. Mon métier et Internet			
• J'utilise Internet tous les jours pour le travail.	A		
• J'utilise Internet de temps en temps pour le travail.		B	
• Je n'utilise jamais Internet pour le travail.			C
5. Mes loisirs et Internet			
• J'utilise Internet tous les jours pour le plaisir et pour jouer.	A		
• J'utilise de temps en temps Internet pour le plaisir et pour jouer.		B	
• Je n'utilise jamais Internet pour le plaisir.			C
6. Les réseaux sociaux et moi			
• J'utilise avec plaisir les réseaux sociaux (personnels et professionnels).	A		
• J'utilise les réseaux sociaux personnels mais je reste méfiant.		B	
• Je ne suis inscrit sur aucun réseau.			C
7. Blog et rédaction Web			
• Je possède un blog et je rédige régulièrement pour le Web.	A		
• Je rédige rarement pour le Web.		B	
• Je ne rédige jamais sur le Web.			C
8. Mes achats sur le Web			
• J'achète régulièrement et je fais part de mon avis et de ma satisfaction.	A		
• J'achète de temps en temps mais je ne laisse pas de commentaires.		B	
• Je n'achète pas sur Internet.			C

.../...

9. Ma recherche d'emploi sur Internet			
• J'ai mon profil sur les réseaux sociaux, je participe à des groupes de discussion, je produis du contenu ; je m'inscris sur les *jobboard* ; j'ai des alertes ; je fais des recherches ; je consulte et je postule en ligne.	A		
• J'ai mon profil sur les réseaux sociaux, je suis inscrit sur les *jobboards*, je consulte, j'ai des alertes et je postule en ligne.		B	
• Je consulte et je postule.			C
10. Mon temps passé en mode « connecté » c'est			
• 4 heures et plus par jour.	A		
• Moins de 4 heures par jour.		B	
• Moins de 4 heures par semaine.			C
11. Ma pratique de l'outil informatique			
• Je suis autonome, je maîtrise, je comprends vite.	A		
• Je ne suis pas toujours à l'aise, mais je me débrouille si l'on m'explique bien.		B	
• J'ai besoin d'aide et de quelqu'un près de moi.			C
12. Mon affinité Web collaboratif			
• Je sais ce que signifie le Web collaboratif et j'adhère totalement à son concept.	A		
• Je crois comprendre ce que signifie le Web collaboratif mais cela m'inquiète un peu.		B	
• Je ne comprends pas ce que cela signifie, c'est un terme à la mode qui fait vendre.			C
TOTAL (nombre de A, B ou C entourés)			

Si vous avez une majorité de A

Votre niveau d'affinité aux technologies numériques est très élevé. Depuis longtemps, vous avez intégré Internet et ses outils dans votre quotidien et vous ne reviendriez en arrière pour rien au monde. Vous êtes un internaute actif et engagé. Le Web collaboratif n'est pour vous que le commencement d'une société nouvelle, ouverte au partage et à la libre expression. Rechercher un emploi et promouvoir votre marque personnelle en mode 2.0 est pour vous une évidence. L'expertise que vous attendez de ce livre n'est pas technique mais plutôt stratégique afin de vous permettre d'aborder sereinement votre communication professionnelle et de valoriser votre profil professionnel. Vous pourrez utiliser facilement tous les outils présentés dans ce livre. Votre niveau est H (*high*) pour « bon niveau ».

.../...

Si vous avez une majorité de B

Vous utilisez Internet assez régulièrement et si l'informatique ne vous est pas familière, vous savez l'utiliser de manière autonome et vous adapter. Le Web 2.0 s'impose à vous et vous pousse à aller plus loin dans votre démarche de mobilité professionnelle sur Internet. Vous l'acceptez mais vous avez besoin d'être accompagné pour ne pas commettre d'impairs. Les réseaux sociaux vous inquiètent un peu et vous n'êtes pas vraiment serein à l'idée de diffuser votre CV en ligne et de le rendre accessible à tous. Vous avez besoin d'être rassuré et de suivre une stratégie clairement définie pour plus d'aisance. Laissez-vous guider par cet ouvrage ! Votre niveau est M (*middle*) pour « niveau intermédiaire ».

Si vous avez une majorité de C

Globalement, vous ne maîtrisez pas l'outil informatique et vous êtes plutôt réticent à tout ce changement. Internet vous apparaît comme quelque chose de compliqué, de dangereux, voire d'intrusif et vous regrettez le temps où le contact humain était privilégié par les recruteurs aux envois de candidatures massives, numériques et impersonnelles. Si la première partie de ce livre vous a convaincu, faites-vous accompagner, tant du point de vue technique que stratégique. Rassurez-vous ! Même si pour être à l'aise vous avez besoin de temps, quelques séances d'initiation et un accompagnement personnalisé, vous permettront de devenir parfaitement autonome sur Internet. Vous y prendrez même probablement du plaisir et vous en retirerez une certaine fierté !

Votre niveau est B (*beginner*) pour « niveau débutant ».

Des outils utiles et abordables

Certains outils peuvent engendrer des coûts financiers. Il s'agit souvent de petites sommes, mais au cumul cela peut représenter un budget conséquent qui n'est pas toujours maîtrisé. Ne limitez pas votre investissement mais réfléchissez à sa pleine justification.

Chapitre 6

Étape 2 : organiser sa veille

Une mobilité efficace se nourrit de l'écoute de son marché professionnel pour déceler son actualité, ses projets, ses nouveautés, ses attentes, et bien entendu les offres qui y circulent.

Une veille efficace, c'est un véritable tableau de bord de l'état du marché, et c'est essentiel, que l'on soit Impulsif ou Demandeur pour drainer les offres d'emploi qui paraissent, Explorateur pour comprendre l'évolution de son environnement professionnel, ou bien Stratège pour contribuer au rayonnement de l'information et de l'innovation. La veille ne doit pas occulter un préalable indispensable qui consiste à « écouter et suivre » régulièrement son e-réputation, et donc à organiser une veille sur soi-même pour bien observer ce que les autres voient de nous-même, et faire éventuellement « bouger les lignes ». Vous le voyez, orchestrer une veille performante répond aux besoins de tous les profils et constitue certainement le premier objectif à poursuivre pour une visibilité et une employabilité optimales.

Les outils de veille d'e-réputation, de contrôle et d'alertes 2.0

Vous avez effectué un autodiagnostic de votre identité numérique afin d'analyser la qualité de votre e-réputation et d'identifier les urgences éventuelles d'intervention. Au fur et à mesure que vous mettrez en ligne de nouveaux outils, de nouveaux contenus, vous agirez sur votre visibilité, sur votre image et sur la perception que les autres se feront de vous. Si vous parvenez vite à améliorer votre identité numérique, n'oubliez pas que sur le Web rien n'est jamais figé. En effet Internet est alimenté en permanence, chaque jour, chaque heure, chaque seconde, de nouvelles données. Vos activités, mais également celles de vos proches, d'une tierce personne ou encore de vos homonymes, viennent enrichir le Web d'informations qui peuvent impacter directement votre image et votre communication professionnelle. En cas d'informations nocives pour votre e-réputation, ou si cela nuit à votre visibilité, vous devez pouvoir en être informé et être en mesure de réagir rapidement. Sans pour autant devenir paranoïaque, cela impose un contrôle régulier de votre identité numérique et une préoccupation permanente. De même, dans le cadre d'une mobilité professionnelle, organiser une veille sur son marché cible, son secteur d'activité et le marché de l'emploi, nécessite la mise en place d'un système d'information et d'alertes efficaces.

Voici donc une sélection d'outils de contrôle et de veille sur Internet qui vous permettront de prendre soin de votre e-réputation et d'écouter votre marché cible.

■ Pour scanner en temps réel votre identité numérique

Tous les outils présentés ici sont accessibles à tous les niveaux d'affinité et de maîtrise informatique. Leur accès pour les fonctions premières de recherche est gratuit et leur utilisation recommandée pour tous les profils.

123 People (*www.123people.com*)

Initialement pensé pour rechercher des personnes, 123 People vous permet de contrôler en temps réel votre identité numérique (ou celle du recruteur avec qui vous avez rendez-vous). Il balaye les quatre coins du Web – dont les réseaux sociaux – et divers contenus pour remonter des informations très complètes telles que des numéros de téléphone, des adresses e-mail, des photos… Il propose également des services de gestion d'e-réputation et de nettoyage.

Webmii (*www.webmii.com*)

Webmii propose, pour chaque recherche, un score de popularité correspondant à un coefficient de présence sur le Net. Les informations étant plus ou moins ciblées, cette information n'est pas des plus fiables mais a le mérite de vous sensibiliser sur votre niveau de visibilité. Webmii utilise Google comme source principale. Il propose trois modes de recherche :

- recherche de personne par « prénom – nom » ;
- recherche de personne par mots-clés ;
- recherche d'information sur les entreprises et les marques.

Yatedo (*www.yatedo.com*)

Un moteur de recherche sémantique couplé à une plateforme de gestion et de veille d'e-réputation. La particularité de Yatedo est d'organiser ses résultats en « page profil par personne » et de proposer de créer soi-même son profil afin de l'alimenter. Cela en fait également l'ambiguïté. Il est possible d'effectuer des recherches de personnes :

- par phonétique ;
- par mots associés (personnes ou entreprise).

Youseemii (*www.presence.youseemii.fr*)

Youseemii balaye le Web pour rendre compte de votre visibilité instantanément. Très ergonomique et facile d'utilisation, en plus de présenter un panorama très complet de votre présence en ligne, il vous propose un indice de visibilité et une véritable plateforme de veille et de gestion d'identité numérique pour les particuliers et les entreprises. C'est un outil aussi performant qu'agréable à utiliser.

Reputation-VIP (*www.reputationvip.com*)

En plus de proposer un outil de mesure de votre e-réputation (score e-réputation en temps réel), Reputation-VIP vous propose un système d'alerte e-mail et de contrôle de votre e-réputation très performant, vous permettant d'être alerté dès que votre classement « Google » est modifié. Cet outil, présenté sous forme de tableau de bord d'e-réputation est très réussi, vous recevez des conseils pour chaque point à améliorer et pouvez effectuer plusieurs veilles gratuitement. Une inscription est nécessaire, puis il suffit de renseigner si votre demande de veille concerne une entreprise ou un particulier, d'en inscrire le nom dans la fenêtre de recherche et l'analyse se lance. Vous devez qualifier chaque résultat selon trois niveaux de visibilité : positif, neutre ou négatif. Cela vous permet ainsi d'avoir un score de visibilité ciblé et des consignes pour l'améliorer. Il est le seul à vous permettre de gérer vos homonymes et à différencier leur activité et visibilité de la vôtre.

Votre système de veille et d'alertes « e-réputation » en place, deux stratégies de gestion de votre identité numérique sont indispensables. Elles consistent à :

- produire du contenu pour éloigner des « top résultats » les propos négatifs sur votre marque personnelle ;
- renforcer votre présence et gagner en visibilité choisie.

■ Pour effacer les traces et informations nuisibles à votre e-réputation

Dans le cadre d'une veille sur son e-réputation, il peut y avoir parfois de véritables urgences à traiter, par exemple :

- des propos calomnieux et malveillants vous concernant ;
- une photo, une vidéo qui vous discrédite ;
- des traces de vos activités personnelles, voire intimes ;
- des commentaires politiques que vous pensiez avoir livrés en mode privé ;
- un homonyme qui se confond dans votre identité ;
- une usurpation d'identité ;
- etc.

Bref, sur le Web, une multitude de raisons peuvent vous conduire à agir rapidement pour « réparer » un préjudice et « nettoyer » des informations négatives. En effet, la Toile regorge de données plus ou moins pertinentes attachées à votre nom, à votre marque. Votre adresse, votre numéro de téléphone, vos diplômes, votre emploi, vos amis, vos loisirs, vos photos, etc., la liste est longue ! Plus délicat encore, certaines plateformes s'approprient vos contenus, les utilisent et les diffusent sans que vous ayez souvenir d'avoir donné votre accord en ce sens.

Toutes ces informations personnelles rendues publiques, par le biais de votre activité ou de celles des autres – ou hélas par l'absence de sécurité de certaines plateformes –, représentent autant un enjeu commercial sur lequel se construit toute l'économie du Web qu'un danger pour vous. Et encore, il ne s'agit là que de la partie visible d'un iceberg qui est bien plus imposant en réalité. On parle des *personal data* sur Internet comme d'un nouvel eldorado convoité d'ores et déjà par les plus grandes entreprises du Web qui se livrent une concurrence effrénée sur le sujet. Seulement voilà, vos données personnelles vous appartiennent et vous êtes en droit de les protéger et d'en limiter l'accès et la libre diffusion.

Quels sont vos droits et recours en cas de problème avec un contenu vous concernant ?

Contrairement aux idées reçues, Internet n'est pas une zone de non-droit. Les hébergeurs et éditeurs des sites Web sont pleinement responsables de la bonne gestion de vos données personnelles et des informations qu'ils diffusent. Vous êtes en droit de leur demander de supprimer une information, une photo ou encore une vidéo de vous. Pour cela, il vous suffit d'adresser un mail au modérateur du site qui a tout intérêt à répondre à votre requête. En général, cette démarche est suffisante et les modérateurs appliquent le principe de précaution en retirant rapidement le contenu identifié comme illicite ou diffamatoire. De plus en plus, les sites mettent à votre disposition un onglet « Signalez un contenu illicite » à cet effet.

Conseils pour faire une demande de suppression auprès d'un site

- Soyez très précis et détaillé dans votre demande.

- Justifiez votre identité.

- Précisez les motifs de votre demande (le préjudice que cela représente pour vous, etc.).

- Détaillez les contenus que vous souhaitez faire retirer et communiquez les liens des pages concernées.

- Faites référence à vos droits et citez les articles de loi qui justifient votre démarche.

- Datez et archivez votre mail, car l'hébergeur est tenu de vous apporter une réponse.

- Utilisez votre droit de réponse et demandez à le faire publier en réponse à l'article – ou aux propos diffamatoires – mais également aux photos et/ou vidéos (le directeur de publication dispose d'un délai maximum de trois jours pour diffuser votre texte).

Si vous n'avez pas de réponse, un courrier recommandé avec accusé de réception sera nécessaire. Vous pourrez également saisir la CNIL et/ou, en cas de préjudice avéré, décider de faire appel à un avocat qui apportera un poids supplémentaire à votre démarche. La CNIL[1] (Commission nationale de l'informatique et des libertés) a pour mission de veiller à ce que l'informatique soit au service des citoyens et ne porte atteinte ni à l'identité humaine, ni aux droits de l'homme, ni à la vie privée, ni aux libertés individuelles ou publiques. Elle a pleine autorité dans cette mission qui consiste à veiller au respect et à la pleine application de la loi 78-17 du 6 janvier 1978 relative à l'informatique, aux fichiers et aux libertés. À ce titre, elle dispose d'un droit de contrôle et de sanction et exerce également des missions de conseil et d'information. Toutes les informations sur vos droits et démarches pour vous protéger sont disponibles sur le site institutionnel de la CNIL : **www.cnil.fr.**

---

1. Plus d'infos sur la CNIL en Annexe et www.cnil.fr.

Articles de loi pour soutenir vos démarches et faire valoir vos droits, à citer dans vos mails auprès des Webmasters

La loi 78-17 du 6 janvier 1978, relative à l'informatique, aux fichiers et aux libertés.

Définition de « données personnelles » : toutes les données « relative(s) à une personne physique identifiée ou qui peut être identifiée, directement ou indirectement, par référence à un numéro d'identification ou à un ou plusieurs éléments qui lui sont propres » (article 2).

Droit de s'opposer à figurer dans un fichier : « Toute personne physique a le droit de s'opposer, pour des motifs légitimes, à ce que des données à caractère personnel la concernant fassent l'objet d'un traitement. Elle a le droit de s'opposer, sans frais, à ce que les données la concernant soient utilisées à des fins de prospection, notamment commerciale, par le responsable actuel du traitement ou celui d'un traitement ultérieur » (article 38).

Droit d'accès à l'information : Toute personne a le droit d'interroger le responsable d'un fichier pour savoir s'il détient des informations sur elle : « Toute personne physique justifiant de son identité a le droit d'interroger le responsable d'un traitement de données à caractère personnel » (article 39).

Droit de rectification : « Toute personne physique justifiant de son identité peut exiger du responsable d'un traitement que soient, selon les cas, rectifiées, complétées, mises à jour, verrouillées ou effacées les données à caractère personnel la concernant, qui sont inexactes, incomplètes, équivoques, périmées » (article 40).

L'article 6.IV de la loi n° 2004-575, du 21 juin 2004, LCEN (dite pour la confiance dans l'économie numérique).

Les conditions d'exercice de ce droit de réponse spécifique à l'Internet sont prévues par le décret n° 2007-1527, du 24 octobre 2007.

Droits de réponse : « Toute personne nommée ou désignée dans un service de communication au public en ligne dispose d'un droit de réponse, sans préjudice des demandes de correction ou de suppression du message qu'elle peut adresser au service... Le directeur de la publication est tenu d'insérer dans les trois jours de leur réception les réponses de toute personne nommée ou désignée

Cour de cassation civile, 14 décembre 1999

« Le droit d'agir pour le respect de sa vie privée appartient à la seule personne concernée. »

Faites appel aux « nettoyeurs d'e-réputation »

En cas de soucis, et si les démarches citées plus haut vous paraissent trop compliquées et laborieuses, vous pouvez faire appel à des professionnels, appelés les « nettoyeurs du Net ». Ces entreprises se chargent à votre place et moyennant finances :

- de l'analyse de votre e-réputation ;
- de l'identification des propos et contenus nuisibles vous concernant ;
- d'effectuer les demandes de suppression auprès des modérateurs ;
- de mettre en place un système de veille sur votre e-réputation ;
- de diffuser du contenu positif pour rétablir « vos vérités » et « soigner votre e-réputation » ;
- de la mise à disposition d'une expertise juridique.

Quelques adresses de « nettoyeurs »

Voici quelques noms d'entreprises qui proposent aux particuliers des prestations de nettoyage sur le Net et effectuent des bilans gratuits :

- www.net-offensive.com ;
- www.reputationsquad.com ;
- www.zen-reputation.com.

Sachez cependant qu'il est difficile, voire impossible, de supprimer complètement des informations diffusées sur Internet. Bien souvent, les modérateurs de sites accueillent favorablement les demandes de suppressions de contenu, mais leurs actions sont limitées par le fonctionnement même du Web. La Toile est mondiale et un seul contenu peut posséder des millions, voire des milliards de liens. La modification ou suppression effective peut donc prendre un certain temps ou se solder par un échec. L'administrateur n'a pas la pleine maîtrise du contenu qu'il diffuse une fois celui-ci mis en ligne.

Mieux vaut alors ne pas compter uniquement sur le nettoyage et les nettoyeurs, mais s'appliquer les principes et méthodes des agences d'e-réputation :

- **produire du contenu « positif »** en quantité suffisante et régulièrement pour « écraser » le contenu négatif et le relayer aux pages « non consultés du Web » ;
- **améliorer votre visibilité** auprès de votre marché cible en multipliant votre présence « positive » ;
- **mettre en place une veille** et un système d'alerte stratégique et sur mesure.

■ Pour surveiller votre e-réputation et organiser une veille d'information de votre marché cible

Google (*www.google.com*)

Il est le moteur de recherche le plus utilisé dans le monde et dans 94 % des cas en France selon ComScore. Il est tellement entré dans les habitudes que le verbe « googliser » ou « googler » fait partie du langage courant pour définir l'action de « faire des recherches sur une personne ». Il a également été intégré dans *Le Petit Larousse* et *Le Petit Robert* 2014.

Part de marché des moteurs de recherche en France

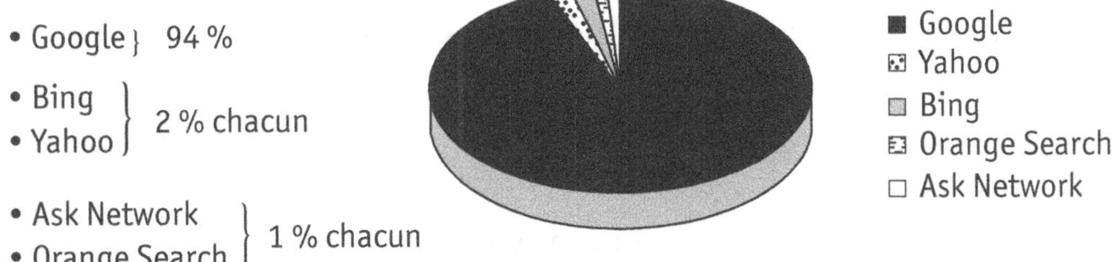

Chiffres ComScore 2012, publiés par le site journaldunet.com *en mai 2013.*

L'utilisation des autres moteurs de recherche en France est assez marginale, aussi nous vous conseillons de prioriser Google pour vos recherches.

Astuces pour vos recherches et googlisations

Pour un résultat plus ciblé

Mettez l'expression ou les noms associés entre guillemets « prénom nom », cet ordre sera également strictement respecté.

.../...

Que vous écriviez « François » ou « francois » aura le même résultat. Google n'est pas sensible aux accents ou autres signes et cédilles.

Pour une veille sur un sujet ou un secteur d'activité, vous pouvez élargir les résultats avec le signe ~ « qui signifie équivalent à ».

Pour votre auto-googlisation

Pensez à ouvrir une recherche en mode « navigation privée » afin de vous garantir des résultats neutres.

Googlisez-vous régulièrement, pour vérifier l'efficacité de votre stratégie, l'affiner et/ou réagir si besoin.

La majorité des recruteurs n'ont pas le temps de consulter toutes les pages de Google, mais contrôlez tout de même les trois premières pages, si vous ne voulez pas manquer une information vous concernant.

Google Alertes (*www.google.fr/alerts*)

Pour créer une alerte sur Google Alertes, c'est très simple, il vous suffit de renseigner tour à tour :

- le nom de votre requête : exemple : « prénom nom », « secteur d'activité », « marché cible »… ;
- le type de résultat : tout, actualités, blog, vidéo, discussions, livres ;
- la fréquence : immédiatement, une fois par jour, une fois par semaine ;
- nombre des résultats : seulement les meilleurs, tous les résultats ;
- e-mail : indiquez l'adresse mail à laquelle vous souhaitez recevoir votre résultat.

Vous pouvez enregistrer jusqu'à dix alertes personnalisées à la fois. Vous n'êtes pas tenu de posséder une adresse Gmail pour profiter du service Google Alertes.

Mention (*www.mention.fr*)

Start-up française qui monte en flèche, Mention offre un service de veille média sur le Web et les réseaux sociaux très apprécié des *community managers* car il offre tout un panel de fonctionnalités permettant d'agir et de réagir en instantané. Pour bénéficier du service d'alertes de Mention, vous devrez créer un compte ce qui vous permettra d'accéder gratuitement à deux alertes. L'inscription est rapide et elle peut se faire directement *via* vos comptes Twitter, Google + ou Facebook.

Comment renseigner une alerte ?

Pour chaque alerte vous pouvez renseigner :

- nom de l'alerte : « nom » ;
- mots-clés ;
- « ou » (expressions) ;
- « pas » (mots-clés ou expression à exclure) ;
- langues ;
- sources (médias, réseaux sociaux…) ;
- sources prioritaires ;
- filtre antispam et homonymes.

Twitter

Ce réseau social « d'un autre genre » s'avère extrêmement utile pour effectuer une veille sur les entreprises que vous ciblez comme sur les différents acteurs de l'emploi et autres interlocuteurs qui peuvent être utiles à votre projet professionnel.

Twitter est un véritable « fil d'actualité » qui vous permet de disposer de précieuses informations en temps réel, dont la parution d'offres d'emploi. Reportez-vous à la page 210 de cet ouvrage pour découvrir toute la richesse de ce réseau.

■ Pour centraliser sa veille d'information en un seul espace personnalisé

Netvibes (*www.netvibes.com*)

Un lecteur de flux RSS et un tableau de bord personnalisé et synchronisable. Il vous permet de centraliser toute votre veille en un seul espace. Vous pouvez gérer vos abonnements aux flux RSS de vos sites préférés, mettre en place un système de veille sur votre marché et sur les offres de postes vous concernant et également faire une recherche en temps réel, le résultat est impressionnant. Essayer la fonction basique, 100 % gratuite et personnalisable, c'est l'adopter !

Chapitre 7

Étape 3 : orchestrer sa présence en ligne

Une fois l'écoute de son marché établie et la surveillance de son profil organisée, il devient essentiel d'alimenter et d'optimiser sa présence sur Internet ; toutes les pages de cet ouvrage le soulignent et nous n'y reviendrons pas. La plupart des personnes attentives à leur présence professionnelle en ligne se contentent d'un profil sur un ou deux réseaux sociaux. C'est bien. Est-ce pour autant suffisant ?

Pour un profil Impulsif peut-être. Pour un Demandeur, il s'avère intéressant de capitaliser davantage sur les possibilités étendues du Web, comme la mise en ligne de son e-CV, et ce n'est qu'un exemple. Les Explorateurs et les Stratèges pourront utilement apprécier d'autres trésors du Web mis à leur disposition pour une présence optimisée. C'est à la découverte ou la redécouverte de ces outils que nous vous invitons maintenant.

Jobboard, l'e-tête à tête toujours en tête

Médias n° 1 du marché de l'emploi dit « transparent », c'est-à-dire visible par tous, les sites emploi diffusent à eux seuls 71 % des offres de postes de cadres. Avec leurs 4 %, les réseaux sociaux apparaissent comme de véritables challengers, mais il n'y a rien de surprenant à cela puisqu'il s'agit avant toute autre chose de sites de réseaux en ligne. Nous reviendrons plus en détail sur les réseaux sociaux et la façon de les utiliser pour rendre accessibles les segments les moins visibles du marché de l'emploi. À l'origine, le terme *jobboard* (« panneau d'emploi ») faisait référence aux panneaux qui listaient les offres d'emploi dans les agences de recrutement aux États-Unis. Aujourd'hui cette expression fait tout simplement référence aux sites Web qui gèrent et commercialisent la mise en ligne des offres et des demandes d'emploi. On peut aussi bien utiliser le terme français « site emploi », même s'il est moins utilisé dans les métiers du recrutement. D'abord couplés aux pages emploi de la presse écrite, ils ont peu à peu pris de l'importance et fondé leurs propres modèles économiques, jusqu'à se créer une notoriété suffisante pour devenir un média à part entière, le préféré à la fois des entreprises et des candidats. Cet engouement des recruteurs (entreprises et chasseurs de têtes) pour les *jobboards* s'explique à la fois par l'instantanéité de la mise en ligne des offres et par le prix, beaucoup plus attractif que les budgets nécessaires pour diffuser une campagne de recrutement dans la presse.

La particularité des sites emploi est qu'ils s'adressent à deux publics différents : les recruteurs et les candidats. Ces sites sont le point de rencontre entre l'offre et la demande et proposent deux services de base, à ces deux publics :

- la diffusion et l'accès aux offres d'emploi ;
- le dépôt et la consultation de CVthèques.

Les offres d'emploi diffusées

Quel que soit votre profil, ne négligez pas les offres d'emploi diffusées sur les *jobboards* car elles vous en apprendront beaucoup sur votre marché cible et sur la façon dont vous pouvez communiquer auprès de lui. Les offres diffusées sur les sites emploi sont pour la majorité définies par critères, détaillées et non anonymes. Les entreprises sont de plus en plus sensibles à leur image de marque employeur. Elles ont conscience que le soin apporté à la rédaction de leur annonce contribue grandement à la qualité et à la pertinence des candidatures qu'elles recevront. D'autre part, elles savent également qu'il s'agit là d'une vraie communication sur leur image auprès du grand public. Comme vous, en votre qualité de candidat à l'emploi, les recruteurs prennent le temps de choisir les médias, les intitulés et les mots-clés qui sont attachés au poste ainsi que les compétences attendues.

Pour un meilleur ciblage, ils réfléchissent en amont au profil et au détail de la mission. Pour un même métier et d'une entreprise à l'autre, vous constaterez souvent des écarts dans les définitions du poste et les tâches et responsabilités qui y sont associées.

De fait, les offres de postes diffusées sur les *jobboards* sont de précieuses sources d'information pour vous permettre d'affiner votre propre communication.

Jobboards : une mine d'informations pour façonner vos outils de communication

- **Les différents titres de poste** utilisés pour désigner votre fonction visée.
- **Les mots-clés,** qu'il est judicieux de reprendre sur votre CV et dans votre profil sur les réseaux sociaux.
- **Les compétences les plus recherchées** (assurez-vous de les mettre en **valeur**).
- **Les salaires pratiqués** et avantages proposés.
- **La difficulté, ou non, à recruter** votre poste (depuis combien de temps l'annonce paraît-elle ? A-t-elle fait l'objet d'une remise en ligne ?).

.../...

- **Le positionnement de l'entreprise sur le marché, ses projets, ses priorités, ses valeurs.**
- **Les cabinets de recrutement** (avec lesquels travaille régulièrement l'entreprise).
- **Le nom et le contact direct du recruteur** (mail ou téléphone).

Depuis l'adoption de la loi de cohésion sociale du 18 janvier 2005, la diffusion d'offres d'emploi est encadrée par un certain nombre d'articles que tout annonceur est tenu de respecter. Les principales mesures visent à :

- donner le maximum de précisions ;
- garantir l'authenticité du contenu ;
- offrir l'accessibilité et la gratuité pour tous.

CVthèques et alertes, ne faites pas l'impasse !

Même si cela peut paraître fastidieux et consommateur de temps, n'omettez pas de recourir à deux services utiles proposés par les *jobboards* :

- l'inscription de votre CV dans la CVthèque du site ;
- les alertes mails par critères et mots-clés.

Quelques conseils

- **Renseignez le maximum de mots-clés dans votre CV :** ils favoriseront sa remontée sur la liste de candidatures destinée aux recruteurs. De leur côté, ces recruteurs renseignent également les mots-clés correspondant aux compétences recherchées.
- **Modifiez ou actualisez votre CV une fois par mois :** là encore pour qu'il soit en tête de liste à disposition des recruteurs. La consultation des CVthèques représente un budget conséquent pour les recruteurs. Cette consultation est limitée en quantité (achat de forfait donnant droit à un lot limité). Pour optimiser vos chances d'être repéré, mieux vaut être dans les cinquante premiers CV remontés sur la liste que dans les cent suivants.

.../...

- **Créez plusieurs alertes avec des titres de postes différents**, il est difficile de réduire son projet à un seul titre de poste, d'autant que chaque entreprise a son propre langage. Ne vous limitez pas à un seul intitulé, au risque de vous priver d'opportunités.

- **Prenez le temps de bien renseigner votre profil candidat**, là encore, il s'agit d'un point d'accès à votre profil. Si vous y êtes invité, présentez votre parcours et vos motivations, cela prend un peu de temps mais c'est utile pour multiplier les occasions de communiquer sur votre projet, ce qui doit rester une priorité pour vous.

Les mots-clés

Un mot-clé est un terme à partir duquel une personne effectue une recherche thématique. Si l'on recherche sur Google un dentiste à Paris, on mettra « dentiste » « Paris ». De la même manière, un recruteur qui recherche un expert en ressources humaines mettra par exemple « DRH », « RRH », « Ressources humaines », « Paris », « Île-de-France »… Choisir ses mots-clés, c'est se mettre à la place de celui qui recherche et identifier avec quels mots il peut nous trouver.

Les différents types de *jobboards*

■ Les jobboards généralistes

Ces sites proposent des offres venant de tous les secteurs, dans toute la France. En général, ils ont aussi une section internationale. Ils se positionnent sur des recrutements généralistes. Ceci dit, ils peuvent s'adresser à des niveaux de qualification différents pour certains. Vous pouvez retrouver une liste non exhaustive en annexe.

⇨ **QRCode : les jobboards généralistes**

Les adresses des sites institutionnels

- **Apec** (*www.apec.fr*) : le portail de recrutement des cadres et jeunes diplômés.
- **Pôle Emploi** (*www.pole-emploi.fr*) : à noter : vous n'êtes pas tenu d'être en recherche d'emploi et de posséder un identifiant pour ouvrir et créer votre profil sur ces sites.
- **L'Agefiph** (*www.agefiph.fr*) : l'opérateur central et de référence de la politique de l'emploi des personnes handicapées en France.

■ Les *jobboards* spécialisés

Les sites spécialisés ciblent un secteur d'activité, un type de métier, une région ou encore un profil spécifique de candidats (jeunes diplômés par exemple). Ils sont très nombreux car leur succès ne dépend pas de leur volume mais plutôt de leur pertinence sur leur segment de marché. Ils représentent et centralisent un marché bien précis d'offres et de demandes ciblées. Vous trouverez en annexe une liste non exhaustive de sites emploi spécialisés que nous vous invitons à découvrir.

Plutôt que de vous présenter un classement des sites les plus fréquentés, nous vous proposons un classement des *jobboards* français selon des critères plus proches de vos préoccupations, à savoir : « la performance des sites en fonction de la qualité des annonces, de leur date et de la part émanant directement des entreprises[1] ».

Adresses et caractéristiques des *jobboards* spécialisés

- **Cadremploi** (*www.cadremploi.fr*) : **recommandé aux cadres confirmés.**
  - Nombre d'offres : 13 500 dont 94 % de CDI.
  - Dominante secteurs/métiers (offres) : industrie (39 %), vente (34 %), production (15 %).
  - CVthèque : 1,8 million CV dont 1,4 de moins d'un an.

.../...

---

1. Enquête publiée le 27 janvier 2012, « Sites d'offres d'emploi : notre banc d'essai des principaux *jobboards* destinés aux cadres ».

On aime aussi : les sept régions, les conseils et actualités, Cadremploi TV, l'application mobile.

- **RegionsJob.com** (*www.regionsjob.com*) **: des postes à foison en province.**
    - Nombre d'offres : 29 000 dont 73 % de CDI.
    - Dominante secteurs/métiers (offres) : fonctions commerciales (35 %).
    - CVthèque : 1,9 million CV dont 0,9 de moins d'un an.

On aime aussi : les infos et offres en huit régions, les trois enquêtes « Emploi et les Réseaux sociaux » et Aliaz (détaillé plus loin).

- **Apec.fr** (*www.apec.fr*) : la CVthèque la plus consultée.
    - Nombre d'offres : 35 000 dont 91 % de CDI
    - Dominante secteurs/métiers (offres) : informatique (25 %), commercial-marketing (23 %), études-R & D (15 %).
    - CVthèque : 370 000 CV dont 350 000 de moins d'un an.

On aime aussi : le partenariat avec Viadeo et avec LinkedIn, le gestionnaire de candidature, l'application mobile

- **Monster.fr** (*www.monster.fr*) : meilleur en Île-de-France qu'en régions.
    - Nombre d'offres : 21 000 dont 90 % de CDI.
    - Dominante secteurs/métiers (offres) : vente, finance-comptabilité, informatique.
    - CVthèque : 4 millions CV dont 500 000 de moins d'un an.

On aime aussi : les articles du blog pour l'emploi, le Monster CHAT, l'application.

- **Lesjeudis.com** (*www.lesjeudis.com*) : **spécialiste des postes informatiques.**
    - Nombre d'offres : 5 000 dont 92 % de CDI et 80 % en région parisienne. 80 % d'annonces émanant de SSII.
    - Dominante secteurs/métiers (offres) : informatique uniquement, fonctions études et développement en tête.
    - CVthèque : 100 000 CV dont 67 % de bac + 5.

On aime aussi : les actualités thématiques IT et monjobrecommandation.

- **Cadresonline** (*www.Cadresonline.com*) : **pour les ingénieurs.**
    - Nombre d'offres : 5 500 dont 92 % de CDI et 80 % en région parisienne. 80 % d'annonces émanant de SSII.

.../...

- Dominante secteurs/métiers (offres) : postes pointus en informatique, télécoms, multimédia (14 %) et en R & D, études et ingénierie (14 %).
- CVthèque : 500 000 CV dont 50 % de cadres confirmés.

On aime aussi : le *best of* des recruteurs, les fiches métiers et salaires.

• **Keljob. Com** (*ww.keljob.com*) : **très ouvert aux non-cadres.**

- Nombre d'offres : 29 500 dont 50 % de CDI/beaucoup de postes de début de carrière.
- Dominante secteurs/métiers (offres) : métiers commerciaux et de production (à partir de bac + 2/3 ans), industrie (32 %).
- CVthèque : 1,1 million CV dont une majorité de jeunes ayant moins de deux ans d'expérience.

On aime aussi : l'actu de l'emploi, l'emploi en BD, les baromètres de l'emploi, l'emploi en région, l'application.

■ *Jobboards* et mobiles

Vous en avez rêvé ? Social City Media l'a fait ! L'application Rue de l'emploi, un site emploi exclusivement mobile, orienté à la fois candidats et recruteurs, rencontre depuis sa création en mai 2012 un réel succès (téléchargez l'appli gratuite : *www.ruedelemploi. com*) !

- 6 000 téléchargements de l'application.
- 14 000 mises en relation candidats-recruteurs.
- 23 000 CVs mobiles 100 % remplis.
- 10 500 offres d'emploi.

Au sujet du recrutement mobile, Social City Média a publié en mars 2013 une étude « recrutement Mobile, Enjeux et chiffres 2013 » sous forme d'infographie qui nous apprend, entre autres, que 100 % des foyers français possèdent un téléphone et que 90 % des candidats sont prêts à utiliser leur smartphone dans leur recherche d'emploi. En faites-vous partie ?

Conscients des atouts que représente l'application mobile, la grande majorité des sites emploi et des réseaux sociaux proposent également leur application (voir en annexe la liste de ces applications).

Les méta-moteurs de recherche

Les méta-moteurs de recherche balayent le Web et vous adressent par mail les offres de postes correspondant à votre recherche d'emploi. Vous recevez les offres sous forme d'alerte-mail, c'est un gain de temps considérable, même s'il ne peut se substituer à votre propre recherche.

Six adresses des méta-moteurs

- 123-emploi : *www.123-emploi.com.*
- Indeed : *www.indeed.fr.*
- JobiJoba : *www.jobijoba.com/fr.*
- Moovement : *www.moovement.fr.*
- Optioncarrière : *www.optioncarriere.com.*
- Wanajob : *www.wanajob.com.*

Les plateformes de création d'e-CV

■ Mort et résurrection du CV ?

Alors qu'aujourd'hui encore les questions que posent les jeunes diplômés aux professionnels des ressources humaines portent d'abord sur la façon de présenter son CV, certains observateurs en annoncent la disparition. Si cette vision radicale a le mérite de poser la question de l'avenir du CV dans les processus de recrutement, elle passe selon nous un peu trop vite sur les scénarios intermédiaires qui se mettent en place sur Internet et dans lesquels le CV a sans doute encore un rôle important à jouer. À la fin des années 1990 et face à l'avènement d'Internet, de nombreux prophètes annonçaient la disparition pure et simple de la communication « papier ». Non seulement cette dématérialisation est loin de l'avoir emporté, mais on voit bien que se sont mises en place de véritables complémentarités entre une communication virtuelle, *via* les e-mails, les e-news, les blogs et autres sites et réseaux sociaux et une communication réelle, nouveaux journaux, magazines et relations publiques pures. Présenter son parcours et son projet professionnel de façon claire et structurée est toujours un enjeu pour le candidat qui souhaite être compris par un recruteur et éventuellement contacté pour un entretien. Le support est une question de contexte avant tout. Vous différencier passera aussi par votre capacité à multiplier vos supports de communication avec un niveau de qualité toujours équivalent, dans la logique d'un plan d'action pertinent. Le CV papier n'est pas « encore » mort, et d'un point de vue culturel, il faut s'attendre à une certaine résistance de la part des recruteurs en France. Il convient d'entretenir une bonne complémentarité des outils traditionnels et modernes afin d'éviter toute confrontation et mise en concurrence inutile ou débat stérile. Observez votre marché cible, l'entreprise ou la personne avec laquelle vous avez rendez-vous et sachez faire preuve d'adaptabilité, et d'inventivité pour plus de pertinence. Car si le CV est encore en vie et déclaré « espèce protégée » par beaucoup, une chose reste sûre : vous pouvez vous démarquer et sortir du lot en tirant profit de l'ère du digital : le CV papier ne suffit plus !

■ Créer son e-CV

Parmi les outils phares que le Web met au service de votre gestion de carrière, figurent les plateformes e-CV. Ne considérez pas les réseaux sociaux comme des CVthèques à ciel ouvert ou de simples vitrines de votre profil professionnel. Choisissez les plateformes e-CV qui, grâce à des technologies esthétiques et performantes, valorisent votre parcours professionnel et transforment un document classique en un véritable CV dynamique et connecté à vos réseaux.

En résumé, une plateforme e-CV est un site Web personnalisé, entièrement dédié à votre profil professionnel et à votre CV. Accessible au plus grand nombre, l'investissement majeur qu'il nécessite est celui du temps que vous accepterez d'y consacrer.

Vous pouvez créer un compte en quelques secondes et, en quelques clics importer votre profil « réseau social ». Cependant, n'occultez pas un travail de réflexion et de préparation, indispensable pour un rendu optimal, satisfaisant et différenciant. À ce titre, les informations regroupées sur votre passeport de marque personnelle vous seront très utiles.

Voici une sélection des principales plateformes e-CV : visitez-les toutes avant d'en retenir une ! Certaines sont plus connues, d'autres moins : considérez plusieurs paramètres avant de faire votre choix. Pour ce genre d'outil, la présentation est tout aussi importante que le contenu. Votre e-CV doit vous ressembler. Vous devez ressentir une certaine fierté à le diffuser. Bien entendu, la facilité d'utilisation de la plateforme que vous retiendrez a également toute son importance.

Vos propres goûts, votre personnalité, votre positionnement, vos aptitudes technologiques, sont autant d'éléments à prendre en compte dans votre choix.

Notre classement des plateformes de création e-CV

Douyoubuzz (*www.doyoubuzz.com*)

Slogan : « Créez gratuitement un CV design et efficace. »

En quelques secondes, si vous acceptez d'importer vos données LinkedIn ou Viadeo, Douyoubuzz transforme votre CV en site Web design et élégant.

- Adresse : www.doyoubuzz.com.
- Date de création : 2006 par Ludovic Simon, Société DoYou Multimedia.
- Tarifs : une formule gratuite « Basic » et 1 formule « Premium » à partir de 29,90 € par an (nom de domaine inclus).
- Niveau technique requis : débutant (accessible à tout niveau).
- Nombre de modèles : 15 designs (dont 7 gratuits), choix des couleurs personnalisable.
- Possibilité insertion vidéo : Oui.
- Multilingue : Oui.
- Format téléchargeable : Word, PDF.
- Confidentialité modulable : Oui.
- Conseils emploi : Oui.
- Partenariat recrutement : Oui.
- Offre Pro : Oui.
- Blog : Oui – *http://blog.doyoubuzz.com/fr/.*

Nous aimons particulièrement : le rendu « site Web », les designs esthétiques et sobres, le référencement Google, l'application iPhone, le portfolio, les liens avec LinkedIn et Viadeo.

CV Motion

Slogan : « Le CV en ligne nouvelle génération, démarquez-vous. »

CV motion fait le pari de la vidéo et la personnalisation thématique métier, les présentations sont très dynamiques. Il faut oser, c'est plutôt réussi. Les jeunes diplômés apprécient cette tendance.

- Adresse : www.cv-motion.com.
- Date de création 2011, société Motion Design SARL.
- Tarifs : 29,90 €/ mois ou 39,90 € avec pack atelier CV vidéo (sur Paris).
- Niveau technique requis : niveau intermédiaire.
- Modèles : tous les univers métiers représentés + possibilité de personnaliser sa présentation.
- Insertion vidéo possible : Oui.
- Multilingue : Oui.
- Format téléchargeable : PDF.
- Confidentialité modulable : Oui.
- Conseils emploi : Oui.
- Partenariat recrutement : Oui.
- Offre Pro : Oui.
- Blog : non.

Nous aimons particulièrement : designs sur-mesure à la demande ; les conseils et ateliers CV vidéo proposés.

Easy CV

Slogan : « Mon CV personnel est disponible 24/7 partout dans le monde. »

- Adresse : www.easy-cv.com.
- Date de création 1999, Société Recrutéa.
- Tarifs : gratuité totale.
- Niveau technique requis : accessible à tout niveau.
- Modèles : 200 modèles.

- Insertion vidéo possible : Oui.
- Multilingue : Oui.
- Format téléchargeable : Word, PDF, Format texte.
- Confidentialité modulable : Oui.
- Conseils emploi : Oui.
- Partenariat recrutement : Oui.
- Offre Pro : Oui.
- Blog : Oui – *http://www.easy-cv.com/blog/*.

Nous aimons particulièrement : l'annuaire du recrutement ; large partenariat et nombreux rédactionnels et conseils pratiques.

Mon CV.com

Slogan : « Soyez prêt à être recruté ! »

- Adresse : www.moncv.com.
- Date de création 2007, Société Inoveum SA.
- Modèles : le site ne mise pas sur le design ni la personnalisation « esthétique ».
- Tarifs : inscription et création CV gratuite. Conseils et services avancés, payant.
- Niveau technique requis : accessible à tout niveau.
- Insertion vidéo : non.
- Langues : non précisé.
- Format téléchargeable : Word, PDF.
- Confidentialité modulable : non précisé.
- Conseils emploi : Oui.
- Partenariat recrutement : Oui.
- Blog : Oui – *http://www.blogmonCV.com*.

Nous apprécions particulièrement : l'assistance pour la création de CV ; de nombreux conseils emploi.

■ L'e-CV infographique

Vous en avez déjà entendu parlé ; vous en avez vu et admiré sur la Toile et vous regrettez que cette approche ne soit réservée qu'aux infographistes ou autres créatifs et surdoués du clavier ?

Rassurez-vous, si cette forme de CV entre dans vos caractéristiques de marque et de projet professionnel, alors vous pourrez vous aussi créer votre propre CV infographique !

Directement inspirées des nouvelles tendances en matière d'e-marketing, des plateformes vous proposent des services gratuits de création d'e-CV sous forme d'infographies diverses et personnalisables. Esthétiques et reliées à votre activité digitale, ces plateformes vont directement et avec votre autorisation, puiser dans votre identité numérique des informations et visuels pour schématiser votre profil professionnel, votre parcours, vos centres d'intérêt, etc. Elles modernisent et apportent une touche plus artistique et personnelle au e-CV traditionnel. Le visuel, les couleurs et l'activité en ligne s'inscrivent tout autant que votre parcours de formation et expériences professionnelles pour représenter votre profil professionnel. Cette nouvelle tendance « e-CV » ne correspond pas à tous les projets professionnels. C'est une question de bon sens et de *personal branding* avisé.

Voici trois plateformes, entièrement gratuites, particulièrement efficaces et esthétiques.

Vizify (*www.vizify.com*)

Plus qu'un CV en ligne, Vizify vous permet d'organiser une carte de visite 2.0 animée. Reliée à votre activité digitale et à vos réseaux sociaux, elle évolue et s'enrichit de votre identité numérique et de vos différents contenus. En quelques secondes, Visify va puiser des informations sur votre parcours et vos activités en ligne et vous propose de rajouter des liens, des images et des contenus. Vous pouvez également personnaliser vos couleurs, votre photo de fond, créer une vidéo de votre compte Twitter. Le résultat est très esthétique, original, moderne, tout en restant sobre et élégant.

Accessibilité : posséder un compte LinkedIn, Twitter, Facebook, Foursquare ou encore Instagram. Compréhension de l'anglais requise.

Vizualise me (*http://vizualize.me/*)

Vizualise me vous propose un service sur-mesure, avec six thèmes d'infographie au choix. Vous pourrez ainsi sélectionner votre palette de couleurs ou bien la créer tout comme votre typographie, rajouter des liens et enrichir votre parcours. Bien travaillé et réfléchi, le résultat pourra refléter idéalement votre marque personnelle et offrir à votre présence en ligne une adresse supplémentaire, originale, valorisante et moderne. Accessibilité : posséder un profil LinkedIn et des notions d'anglais.

Resum up (*http://resumup.com*)

En quelques secondes et à partir des informations digitales vous concernant et à disposition sur le Web, Resum up vous présente une infographie que vous pouvez compléter, modifier ou supprimer. Un espace est prévu pour renseigner votre projet professionnel sous forme de but à atteindre. Une version écrite plus traditionnelle est également proposée. Aucune personnalisation de couleur et de mise en page n'est possible. Accessibilité : posséder un profil LinkedIn ou Facebook. Connaissance minimum de l'anglais requise. Niveau informatique intermédiaire.

CV vidéo *or not* vidéo ?

Le sujet fait débat et ne recueille pas encore tous les suffrages.

Pour ne pas mettre en danger tout ce que vous avez construit de positif et de rassurant sur votre image professionnelle, faites-vous accompagner pour encadrer avec sérieux votre projet vidéo. Le risque du *bad buzz* est fort. Avec un *personal branding* efficient, cette démarche gagne en pertinence. Le CV vidéo est une évolution technologique évidente pour le recrutement et il est plaisant à voir. Tout comme les entreprises prennent plaisir à présenter leurs équipes, leurs métiers et leur cadre de travail en vidéo, les candidats à l'emploi peuvent revendiquer en toute légitimité l'exploitation de ce média pour s'exprimer, être présentés et repérés pour ce qu'ils sont. Le choix de faire ou non une présentation vidéo de votre CV vous appartient : inscrivez-le dans un processus de réflexion stratégique et avec une préparation soignée.

Les recruteurs qui croient en l'outil vidéo

- Le site des entretiens vidéo différés : *www.easyrecrue.com*.
- La plateforme Visio job : *www.visiojob.com*.
- La plateforme interactive Hire Vue : *www.hirevue.com*.

Personal branding **2.0**

L'e-CV est un outil de *personal branding 2.0* par excellence. Il contribue à valoriser votre image tout en diffusant un contenu sélectionné par vos soins et dédié exclusivement à votre marché cible. Très rapide et facile à créer, votre e-CV ne doit cependant pas se soustraire à un travail de réflexion stratégique et de préparation rigoureuse.

Un e-CV réussi doit être :

- **Cohérent** avec votre positionnement professionnel et vos autres outils. Harmonisez vos couleurs, votre typographie si vous le pouvez, mais aussi votre discours et votre image de marque.

- **2.0 :** votre e-CV doit être relié à vos autres profils professionnels en ligne (LinkedIn, Viadeo, Twitter, blog, etc.).

- **Enrichi :** votre e-CV ne doit pas se contenter d'être le copier-coller de votre CV papier. Ajouter des présentations de vos réalisations ; mettez votre contenu en image, et en vidéo ; n'occultez pas les mots-clés.

- Attention à ne pas mélanger les genres : toutes les informations n'ont pas leur place dans votre CV en ligne. Ce n'est ni un blog et encore moins un espace personnel.

- **Diffusé :** bien plus qu'un contenu supplémentaire, votre adresse e-CV doit être communiquée auprès de votre réseau et de votre marché cible. Vous pouvez choisir de le diffuser grâce aux options proposées par les plateformes ou l'indiquer en signature de mail, sur votre carte de visite, ou encore sur votre CV papier.

- **Rattaché à votre marque :** Avec un compte premium, vous pouvez acheter également votre nom de domaine (sous réserve que vous ne possédiez pas encore votre nom de domaine ou un blog à votre nom). C'est un bon investissement pour votre e-réputation car très efficace en termes de stratégie « visibilité ».

Les plateformes de recherche d'emploi 2.0

- **Job Assistant :** un site entièrement dédié à votre recherche d'emploi, une communauté à votre écoute, des conseils, des rédactionnels, un espace personnel avec objectifs, agenda, CV. Tout est réuni pour gérer votre activité quotidienne de recherche d'emploi. Inscrivez-vous gratuitement : *www.jobassistant.fr*.

- **Job Marks :** l'organisateur universel de votre recherche d'emploi. Une solution pour centraliser vos offres d'emploi favorites, gérer vos candidatures et en même temps soigner votre visibilité *via* les réseaux sociaux en ligne. Vous pouvez vous inscrire *via* vos profils LinkedIn et Viadeo. Inscrivez-vous gratuitement : *www.jobmarks.fr*.

Chapitre 8

Étape 4 : développer et entretenir son réseau professionnel en ligne

Besoin conjoncturel lié à un surcroît d'activité, gain de parts de marché, lancement d'une nouvelle offre commerciale, départ à la retraite, séparation, sont autant de situations qui, pour l'entreprise, peuvent donner naissance à une offre d'emploi. Entre la constatation par le recruteur du besoin de compétences et la médiatisation de l'offre sur le marché, il se passe généralement un laps de temps, parfois conséquent. Cette période de gestation qui peut aller jusqu'à quelques mois est extrêmement profitable aux personnes en situation de mobilité professionnelle, et particulièrement aux profils de type Explorateur, car elle permet de détecter le besoin de l'entreprise en amont, et en l'absence de concurrence de candidature. Disposer d'un solide réseau permet ainsi de « ratisser large ». Un bon réseau en ligne permet de consolider un réseau réel en bénéficiant des relations de ses relations. Pour les profils de type Stratège, le réseau en ligne permet notamment de mener des interactions riches et ciblées, c'est un excellent facteur d'employabilité durable.

Utilisez les réseaux socioprofessionnels comme un outil de mise en relation en ligne, sa fonction première, et non comme une fonction de CV en ligne. Les réseaux socioprofessionnels ne sont pas des CVthèques à ciel ouvert !

En suivant cette première recommandation, vous pourrez élaborer une stratégie d'accès à l'ensemble du marché de l'emploi, qu'il soit « transparent » (81 %), « accessible » (13 %) ou « caché » (6 %).

Vous vous rapprochez ainsi de 100 % des opportunités de votre marché.

Quelques choix stratégiques et personnels

■ Quels réseaux choisir ?

Choisir ses réseaux professionnels relève d'une décision personnelle car, pour construire votre stratégie de communication et de présence en ligne, vous devez tenir compte de deux éléments qui vous sont propres :

- votre projet professionnel ;
- votre marché cible.

■ Quelle stratégie de contenu adopter ?

C'est votre projet professionnel qui va déterminer la stratégie à privilégier. Également le fait que vous soyez en recherche active « Demandeur » ou « Explorateur » ou plutôt en veille « Stratège » ou « Impulsif », va déterminer les informations que vous allez choisir de divulguer et les réglages des paramètres de confidentialité de votre profil.

- Si vous êtes en veille : la discrétion et la subtilité seront de mise pour doser habilement la diffusion de vos informations et susciter l'attention des recruteurs sans pour autant vous attirer les foudres de votre employeur.
- Si vous êtes en recherche active, les informations devront mettre en lumière votre projet professionnel avant tout, quitte

à faire l'impasse sur certaines composantes de votre parcours passé : texte de présentation, expertises, mots-clés, expériences détaillées devront ainsi mettre en avant vos aptitudes clés pour attirer les bons contacts et les belles opportunités.

■ Quelle activité mettre en place ?

Un réseau social est avant tout un outil de réseautage, mais également un très bon outil de veille d'informations. Votre efficacité dépendra de votre capacité à vous engager et à avoir une présence et une activité régulière.

- Inscrivez-vous dans des groupes de discussions actifs et représentatifs pour votre projet, et s'il n'existe pas de groupe correspondant à votre thématique professionnelle, créez-en un !
- Échangez de l'information et partagez des contenus (curation de contenu ciblée).
- Exprimez-vous, donnez votre avis ou signalez quand vous appréciez un contenu.
- Entrez en contact avec les membres actifs des groupes, proposez de les rencontrer dans le cadre d'un entretien réseau – même téléphonique –, posez-leur des questions, intéressez-vous à leur actualité…
- Inscrivez-vous à des événements, participez aux rendez-vous organisés sur votre ville.

■ Quels outils complémentaires utiliser ?

Exploitez tout ce qui vous permettra de vous différencier mais également de compléter votre profil. En ajoutant des liens vers votre CV en ligne, une présentation de vos réalisations (sur Power-Point ou Slideshare), ou encore votre blog, votre compte Twitter. Plus vous aurez des liens et des outils reliés entre eux sur le Web, plus votre profil professionnel gagnera en visibilité. C'est le modèle de fonctionnement du Web : l'activité rend attractif. Également, plus vous serez actif et dynamique, plus votre motivation et votre engagement seront perçus positivement par les recruteurs. Surprenez-les, sortez du lot en les guidant sur la Toile, de compétence en compétence, de lien en lien…

■ Viadeo ou LinkedIn – LinkedIn ou Viadeo ?

Souvent opposés l'un à l'autre, Viadeo et LinkedIn sont en réalité les deux leaders en France. Ils se disputent la première place en rivalisant de nouveauté et en faisant œuvre de communication, mais ils sont assez identiques en termes de fonctionnalités. Les recruteurs et entreprises françaises sont présents sur ces deux réseaux et privilégient parfois les abonnements et CVthèques Viadeo réputés plus économiques. Encore une fois, votre positionnement, votre stratégie ainsi que votre marché cible doivent constituer les seuls critères pour influencer votre choix.

Mais avez-vous réellement le choix ? Effectivement, si votre projet professionnel est basé en France et notamment en province, vous priver de l'une ou l'autre de ces deux plateformes peut s'avérer handicapant, notamment si vous visez les 100 % d'opportunités et de visibilité.

Étudiez le comparatif qui suit pour faire votre choix en pleine connaissance de cause.

Viadeo *www.viadeo.com*	LinkedIn *www.linkedin.com*
Origine : France – 2004 (Viaduc)	Origine : États-Unis (Californie) – mai 2003
50 millions de membres dans le monde	225 millions de membres dans le monde
6 millions de membres en France	4 millions de membres en France
Contrairement à LinkedIn, qui étend localement son propre réseau, Viadeo achète des sites existants (Canada, Chine, Inde).	44,2 millions aux US ; 9,1 en Inde ; 6 au Royaume-Uni ; 3,7 au Brésil ; 2,6 en Hollande
6 langues disponibles	40 langues disponibles
Présent dans 9 pays	Présent dans + de 200 pays
30 000 nouveaux membres par jour	83 333 nouveaux membres par jour (1 par seconde)

En général, il est conseillé d'utiliser trois réseaux, par exemple : LinkedIn, Viadeo + un réseau spécialisé. Le choix s'effectue selon son positionnement et son marché cible. À moins d'avoir un projet exclusivement anglo-saxon ou nord-américain, vous pouvez vous offrir une visibilité optimale en créant un profil complet sur les deux réseaux généralistes.

Au fil de vos utilisations et de vos contacts, vous pourrez choisir la plateforme la mieux adaptée à votre projet car ayant des interactions plus fortes et plus pertinentes.

Si vous utilisez ces deux réseaux, pensez à apporter une nuance dans votre présentation afin de profiter des deux référencements de vos profils par Google. Un profil unique sur deux réseaux entraîne le risque de référencement unique par le moteur de recherche.

Votre résumé (LinkedIn) ou présentation (Viadeo)

La règle de 3 : il s'agit de rédiger votre texte en trois étapes.

1. Votre accroche

Elle a pour objectif, comme son nom l'indique, d'accrocher le lecteur, de l'interpeller et plus encore de susciter en lui une émotion qui :

- lui donnera envie d'en apprendre davantage sur vous ;
- lui révélera une facette de votre personnalité qui n'est pas développée dans vos autres communications ;
- lui ouvrira une porte sur l'humain qui existe au-delà de la fonction en délivrant vos valeurs personnelles ;
- lui retirera tout *a priori* lié à une particularité de votre profil que vous avez repéré comme étant un élément discriminant (âge, genre, handicap, formation...).

Souvent, il s'agit d'une citation, soigneusement choisie pour suggérer le bon message et provoquer une émotion positive. Cette accroche doit pouvoir être assimilée à votre slogan.

Exemple : une personne ayant un parcours d'autodidacte ou encore étiquetée « senior » sur le marché de l'emploi aura plaisir à lutter contre la loi des clones et des préjugés en prônant la valeur concrète de son expertise avec cette citation : « Le talent n'est presque rien et l'expérience est tout, que l'on acquiert à force de modestie et de travail » (Patrick Süskind, *Le Parfum*).

Vous pouvez trouver des citations sur le site : *www.top-citations.com, www. evene.fr/citations*.

...(/...

2. Votre parcours

Votre *storystelling* ou la synthèse de votre parcours, qui permettra de faire ressortir le fil conducteur menant à votre projet professionnel.

Demandeur et Explorateur : pensez à être clair sur votre positionnement !

Impulsif et Stratège : valorisez subtilement les missions et compétences pour lesquelles vous souhaitez que l'on « vienne vous chercher », en interne ou en externe. Choisissez de communiquer sur vos réalisations, n'hésitez pas à ajouter des liens utiles.

3. Votre invitation à poursuivre l'échange

Bien souvent négligée, voire oubliée, votre conclusion doit être une invitation à l'échange ! Vous devez affirmer clairement votre esprit réseau et rassurer votre interlocuteur sur votre ouverture au contact.

Demandeur et Explorateur : vous pouvez ici mentionner votre disponibilité et votre ouverture aux opportunités nouvelles.

Impulsif et Stratège : vous pouvez rassurer votre lecteur sur votre esprit d'ouverture au réseau. Bon nombre de personnes en poste ne savent pas précisément ce qu'ils font sur les réseaux et ne sont pas du tout disposés à échanger.

■ Pour optimiser votre profil sur les réseaux sociaux

Renseignez le maximum d'informations pouvant servir votre projet/positionnement professionnel : mots-clés, compétences mais aussi loisirs et centres d'intérêt, associations… Ce sont autant de points d'entrée sur votre profil.

Très appréciées des recruteurs, les recommandations rassurent et offrent un atout considérable à votre profil. Soignez vos demandes de recommandation en prenant soin d'indiquer à vos contacts les points sur lesquels vous souhaitez qu'ils vous recommandent. Ce sera plus facile pour eux de répondre à votre demande. N'hésitez pas à appliquer la méthode CAR (contexte, actions, résultats). Sachez également « renvoyer l'ascenseur » et recommander à votre tour ces prescripteurs ; c'est aussi cela l'esprit réseau.

Les sept principes de fonctionnement général des réseaux sociaux professionnels en ligne

1. Se mettre dans une logique qualitative, et non quantitative : fuyez les collectionneurs et ne cédez pas à la tentation d'en devenir un car cela peut nuire à votre réputation. Ce n'est pas au nombre de contacts qu'on qualifie un bon réseau mais à sa qualité. Votre image est engagée lorsque vous acceptez quelqu'un dans votre réseau. Votre cohérence et votre positionnement se traduisent à travers la façon dont vous gérez vos contacts. L'idée du réseau étant d'échanger, demandez-vous toujours quel point commun professionnel vous possédez avec une personne avant de l'introduire dans votre réseau et de lui permettre d'accéder à vos contacts. C'est une question de bon sens et de respect pour les personnes qui font déjà partie de votre réseau.

2. Accepter le paramètre « temps » : un réseau ne se construit pas en un jour, il faut du temps pour tisser des relations durables et sérieuses.

3. Adopter l'état d'esprit réseau, ce qui implique de posséder une certaine générosité, de la solidarité et une faculté d'écoute de ses contacts.

4. Réseauter en mode gagnant-gagnant avec les recruteurs : vous êtes avant tout un professionnel, vous avez autant à offrir et à gagner qu'eux et vous échangez en terrain neutre.

5. Garder une posture professionnelle : même si certaines personnes de votre réseau peuvent s'avérer être des amis ou encore des membres de votre famille, veillez à ne jamais perdre votre attitude professionnelle et à ne pas basculer dans des conversations trop personnelles ou superficielles, ce n'est pas le lieu.

6. Demander uniquement ce que l'on peut obtenir : un rendez-vous, un conseil, un avis sur votre projet professionnel mais en aucun cas vous ne devez demander un job (un fondamental de l'entretien réseau).

7. Rester courtois et poli en toutes circonstances : il n'est toléré aucun écart de conduite à ce niveau. Si vous n'êtes pas d'accord avec un commentaire ou avec un propos, assurez-vous d'avoir pris suffisamment de recul avant de vous exprimer ou mieux encore, gardez votre avis pour vous, cela vous évitera de véhiculer des propos négatifs sur votre profil professionnel.

■ Les mots-clés pour être plus efficace

On vous les demande partout ! Cela commence par le CV papier, puis sur les CVthèques, pour effectuer une recherche d'offre d'emploi ou enregistrer une alerte sur les *jobboards*, pour compléter vos profils réseaux sociaux en ligne, votre e-CV, vos e-billets…

Vos mots-clés sont de véritables sésames pour optimiser l'accès à votre profil, à votre CV ou plus largement le référencement de votre contenu. Vous n'en aurez jamais trop ! Assurez-vous surtout de n'en oublier aucun et saisissez la moindre occasion pour les renseigner.

Bien choisir ses mots-clés

Il s'agit :

- de vos compétences et expertises spécifiques ;
- de votre intitulé de poste (et de toutes ses variantes possibles) ;
- de vos atouts différenciants (trilingue, allemand, russe, mandarin) ;
- vos secteurs d'activité et environnement de travail ;
- votre mobilité géographique (ville, pays).

Pensez à :

- user des synonymes ;
- consulter des offres de postes et définitions de mission ;
- observer vos concurrents pour repérer des mots oubliés ;
- vous mettre à la place d'un recruteur quand il renseigne lui-même ses mots-clés pour vous trouver.

Créez-vous un joli « porte mots-clés » numérique

Un nuage sur mesure et à vos couleurs à concevoir gratuitement sur le site : *www.wordle.net* que vous pourrez ensuite utiliser pour enrichir vos supports et contenus Web :

■ Zoom sur le réseau professionnel Xing

Le réseau allemand, compte 17 millions d'utilisateurs. Il est en Allemagne ce que Viadeo est en France. Leader en Allemagne, Autriche et Suisse allemande, Xing est à recommander aux personnes qui souhaitent évoluer au sein d'un groupe germanique. *http://www. xing.com/fr.*

Nos conseils clés pour créer un profil pertinent et efficace

Votre titre de fonction

Demandeur et Explorateur : indiquez l'intitulé du poste que vous visez et non pas celui que vous venez de quitter. Pensez, dès que vous vous sentez prêt, à vous défaire du nom de votre ancienne entreprise. Vous restez un professionnel, avec ou sans l'étiquette d'un employeur, c'est plus rassurant pour un recruteur de constater que vous avez fait le deuil et tourné la page. De même,

...∕...

n'oubliez pas de proscrire l'information « En recherche active » ; préférez-lui des compétences clés. Pour les personnes qui mènent encore une réflexion sur plusieurs projets, vous pouvez remplacer le titre de poste par des mots-clés.

Impulsif et Stratège : Votre intitulé de poste actuel, ainsi que les mots-clés orientés sur atouts et « aspirations futures » peut s'avérer être une approche efficace pour vous faire repérer et vous voir proposer des missions ciblées « projet » plutôt qu'un copier-coller de votre fonction actuelle, si ce n'est pas ce que vous visez à moyen ou long terme.

Les réseaux sociaux dits « grand public »

■ Facebook, réseau social n° 1 mondial

Avec son moteur de recherche *graph search* puissant et ses 1 milliard d'abonnés – 25 millions en France –, Facebook est le premier réseau social dans le monde et en France – y compris dans l'univers du recrutement en ligne et des réseaux sociaux. Les entreprises y ouvrent de véritables espaces carrières et prennent soin de leur marque employeur et de leur proximité avec un public de plus en plus large. En analysant le classement des pages carrière 2012, on ne peut que constater l'attrait de Facebook pour les employeurs :

Le podium des pages carrière les plus actives

1. BNP PARIBAS.

2. Armée de Terre.

3. SNCF.

Source : *Le classement 2012 des pages carrières, http://recrutementmediassociaux.com/.*

Quelques applications emploi accessibles *via* Facebook

Réseaux	
Beknown	Un réseau dans le réseau. Créé par Monster qui a été l'un des premiers à essayer d'atteindre un milliard de candidats potentiels *via* Facebook, Beknown est un réseau professionnel qui va puiser dans la base d'offres d'emploi de Monster pour vous relier aux opportunités et aux entreprises. Vous pouvez gérer et développer votre réseau directement dans cet espace.
Branchout	Une application réseau professionnelle proposée depuis 2010 par Facebook et regroupant plus de 30 millions de membres. Elle vous propose de vous connecter et d'échanger entre professionnels, d'accéder à des opportunités d'emploi et de mettre votre CV en téléchargement. Elle existe aussi en version mobile.
Jobvite	Outils de recherche d'emploi entièrement privé. Vous pouvez effectuer une candidature et suivre son parcours étape par étape.
OhMyJob	Véritable *Jobboard* intégré dans Facebook, vous pouvez consulter des offres, postuler et placer des alertes. OhMyJob s'engage à ne pas intervenir sur votre mur et dans vos informations personnelles.
Plateforme « méta-moteurs » pour gérer sa recherche d'emploi	
Social Job Partnership	Lancée par Facebook en novembre 2012 elle permet de centraliser les offres de postes correspondant à vos critères et venant de cinq autres plateformes : Monster, Work4labs, Jobbvite, US Jobs et Branchout.

La cible privilégiée des entreprises sur Facebook : les 25-34 ans !

À propos de l'application *jobboard* « Oh my Job » et du *sourcing* candidats ciblé sur Facebook :

« Le principe étant de préserver une "étanchéité avec la vie privée", puisqu'aucune donnée personnelle ne filtre lorsqu'on décide de postuler. En France, Facebook revendique 25 millions d'utilisateurs actifs, notamment chez les 25-34 ans (26 % des abonnés) et les 35-44 ans (16 %), selon le site Socialbakers. "Facebook est un continent où les 25-35 ans sont très représentés. Passer à côté d'eux, c'est rater son recrutement", estime Nicolas François, de l'Association pour l'emploi des cadres (Apec). Pour autant, il note que les réseaux sociaux ne sont à l'origine que de 2 % des recrutements de cadres en 2011. La force de Facebook : la recommandation sociale. »

Source : *L'Entreprise.com avec AFP pour lentreprise.com, publié le 17 juillet 2012.*

Facebook perso, pro ou perso-pro ?

En raison du caractère « grand public » du réseau Facebook, si vous envisagez de l'utiliser pour booster votre recherche d'emploi ou promouvoir votre carrière, nous vous conseillons de sécuriser au maximum votre démarche. Deux possibilités s'offrent à vous.

1) Vous créez un profil professionnel public

L'avantage est que vous ne risquez pas de mélanger les contacts et que votre ligne éditoriale est plus facile à suivre. Cela vous engage à l'alimenter et à le faire vivre régulièrement. C'est une approche idéale pour les profils free-lances ou les auto-entrepreneurs par exemple, ou toute autre personne n'ayant pas le temps d'ouvrir un blog ; cela peut-être un bon compromis.

2) Vous utilisez votre profil Facebook personnel

Paramétrez soigneusement vos critères de confidentialité, pour rendre la frontière perso-pro complètement hermétique. Vos publications d'ordre privé ne doivent pas interférer avec votre image professionnelle.

- Changez si besoin votre photo de profil (plus détendue qu'une photo de CV mais moins qu'une photo de vacances).
- Faites des listes qualifiées de vos contacts.
- Définissez les accès pour chaque contenu diffusé.
- Verrouillez l'accès à tout ce qui n'a pas de lien avec votre vie professionnelle.

Google + (*https://plus.google.com*)

Il serait difficile de ne pas vous présenter le réseau Google + qui est devenu en très peu de temps (il a été ouvert au grand public en septembre 2011) le deuxième réseau social au monde avec 343 millions d'utilisateurs actifs, juste après Facebook. Avec ses 5,5 millions de visiteurs uniques en France, Google fait encore figure de petit poucet dans notre Hexagone digital, mais cela ne saurait durer. Ce réseau séduit de plus en plus de professionnels par ses fonctionnalités et son accessibilité. Il est intéressant de garder un œil sur lui (*source : www.globalWebindex.net* et *www. Webmarketing-com.com*).

Stratégies réseaux sociaux, en bref

Outils de gestion d'image, d'influence et de développement de réseau

1) Pour se connecter et se reconnecter avec son réseau. À peine votre compte créé et dès les premières informations communiquées vous aurez rapidement des suggestions et des demandes de contacts de vos relations présentes ou passées. Pensez à « taguer », à classer vos contacts par catégories, afin de vous permettre des actions ciblées.

2) Pour développer son réseau en s'ouvrant à de nouvelles relations. Élargissez votre champ d'action en vous rapprochant de vos pairs et d'experts, d'abord en suivant leur activité, puis en échangeant avec eux sur des sujets communs (conversations dans les groupes). Pensez à transformer cette nouvelle relation en rencontre réseau dès que cela est possible. Formulez des demandes de contacts ciblées et personnalisées.

3) Sélectionnez et inscrivez-vous dans des groupes de discussion. Professionnel parmi les professionnels, vous resterez ainsi en contact direct avec votre marché cible. Vous véhiculerez votre image et votre professionnalisme par vos interventions et curations de contenus professionnels et pertinents. En reliant votre profil à votre e-CV, à votre blog ou encore à vos présentations SlideShare, vous contribuerez à faire rayonner votre image plus largement.

Outils de veille

1) Au sein des groupes de discussions. Des informations et actualités sont partagées chaque jour et vous offrent maintes occasions d'en apprendre plus sur votre marché cible et de vous tenir informé de ses actualités et préoccupations. Même sans emploi, vous n'êtes pas déconnecté de votre marché.

2) S'abonner aux pages entreprises. Certaines entreprises phares de votre marché cible ont des pages actives qui vous permettent de suivre et d'être informé de leurs actualités et opportunités. Les pages que vous suivez, tout comme les groupes de discussion dont vous faites partie contribuent à clarifier votre positionnement et à adresser un message à votre marché cible. Les recruteurs sont souvent sensibles à vos choix et à la cohérence de vos actions.

3) Les offres de postes. Enregistrez vos critères de recherches de postes afin d'affiner la détection automatique d'opportunités. N'hésitez pas à postuler en direct et à demander des informations ; les recruteurs répondent volontiers à ce type de rapprochement ciblé et justifié.

■ Twitter (*www.twitter.com*)

Un outil de veille, de promotion d'image et de réseau par excellence. En six ans d'existence, le petit oiseau bleu aura réussi l'exploit d'apprendre à gazouiller à près de 55 millions d'utilisateurs dans le monde, dont 5,2 millions en France, et ce n'est pas fini ! Il a également gagné sa place dans nos dictionnaires en entrant dans *Le Petit Robert* et *Le Larousse* 2013, où il est présenté comme « service de microblogging et de réseau social » mais également en influenceur de l'évolution de notre langue française puisque le verbe « twitter » ou « tweeter » (il y a débat sur l'orthographe), ainsi que les twitteurs et les twitteuses ont également été reconnus et accueillis par ce même millésime. Dans l'esprit général, il est encore très connoté « grand public » et « réseau personnel », et très utilisé par les médias, les personnalités publiques, mais encore peu intégré dans les pratiques des recruteurs et des candidats en France. En plein développement, cette particularité peut s'avérer être un atout pour les candidats qui souhaitent sortir du lot car leur présence et leur activité ne peuvent que mieux se remarquer auprès de leur marché cible. Prudence toutefois, l'accessibilité et la proximité avec les « recruteurs » n'autorisent pas toutes les libertés : restez professionnels ! Si nous vous encourageons à « oser » échanger avec eux, nous vous conseillons également de ne pas vous montrer trop intrusif et de ne pas oublier les règles élémentaires de politesse.

Six raisons d'utiliser Twitter pour promouvoir son profil professionnel

- Outil de veille et de promotion puissant.
- Communauté réactive, partageuse et conviviale.
- Proximité avec les recruteurs.
- Source d'information dense et instantanée.
- Accès à un réseau d'experts.
- Moins de concurrence active.

Quelques conseils pour utiliser Twitter dans le cadre de votre projet professionnel

1. Créer un profil et établir une stratégie qui servira exclusivement à promouvoir votre profil professionnel.

Choisissez un nom de profil sérieux : si vos homonymes sont déjà présents sur Twitter, essayer plusieurs combinaisons. Sont à proscrire les noms trop « personnels » ou aux connotations peu sérieuses. Par exemple, @boubou38, @nounouche, @Bogoss...

Établissez une stratégie : qui servira exclusivement à promouvoir votre profil professionnel

Définissez vos objectifs : se tenir informé, partager ses connaissances, se faire connaître et ou reconnaître, etc.

Identifiez votre cœur de cible : entreprises, secteurs d'activité, fonctions, région, etc.

Travaillez votre présentation en 160 caractères : soyez clair, précis sur votre projet professionnel et votre mobilité géographique. N'oubliez pas les # (*hashtag* – voir définition ci-après) avant chaque mot-clé pour permettre à la communauté de mieux vous repérer et indiquez un lien vers vos outils 2.0 (par exemple : vos profils LinkedIn, Viadeo, votre e-CV ou encore votre blog). 160 caractères c'est très court, mais c'est un excellent exercice !

Affirmez votre marque en affichant votre photo/logo et en personnalisant votre thème : Oui, la photo est un minimum si vous voulez rassurer vos futurs abonnés et être pris au sérieux par la twittosphère. Pensez à utiliser vos couleurs également.

Veillez à votre ligne éditoriale : en adéquation avec les expertises métier – secteur d'activité, et marché de l'emploi : curation d'articles, blog perso, partage d'informations, CV, candidature, liens sur vos outils 2.0... Bref, tout ce qui gravite autour de votre projet professionnel. Ajoutez également, mais de façon modérée, vos loisirs si vous avez opté pour communiquer sur l'un d'entre eux afin de valoriser une des composantes de votre marque utile à votre image, mais attention à ne pas déborder du cadre fixé !

.../...

2. Repérer les membres influents dans le recrutement et/ou dans son secteur d'activité et s'abonner à leur compte.

La communauté de Twitter est riche d'une très grande diversité de membres actifs et influents. Entreprises phares, professionnels RH, chasseurs et cabinets de recrutement, institutions, *jobboards*, réseaux professionnels, blogs et médias spécialisés… Ils font tous partie de la twittosphère active ! Quel que soit votre profil, Impulsif, Demandeur, Explorateur ou Stratège, Twitter est fait pour vous ! Vous trouverez un peu plus loin (p. 254), un annuaire de twittos experts que nous recommandons de suivre. Un tableau de recherche vous permet de sélectionner des personnes et entreprises par nom ou mots-clés, n'oubliez pas le *hashtag* devant (exemples : #recrutement, #banque).

3. Effectuer de la veille.

Surveillez vos thématiques, vos mots-clés et comptes influents.

- Search.Twitter : *www.search.twitter.com* (recherche simple ou détaillée).
- TweetMeme. com : vous pourrez identifier les actualités et les meilleures sources sur une thématique choisie.

Abonnez-vous aux entreprises que vous ciblez. Sélectionnez également les intermédiaires de l'emploi : ils y sont nombreux !

Vous bénéficiez ainsi d'un véritable « fil d'actualité » permanent sur vos cibles.

4. Tweeter/retweeter.

Lancez-vous, c'est en forgeant qu'on devient forgeron et c'est en twittant qu'on devient twitto. Commencez par retweeter des informations que vous estimez fiables et prenez petit à petit le réflexe de twitter des contenus que vous approuvez. Si un article vous paraît pertinent « twittez-le » et faites en profiter votre réseau. Assurez-vous d'être cohérent avec votre ligne éditoriale et lancez-vous !

5. Être patient.

Plus vos initiatives seront pertinentes auprès de votre réseau, plus vous aurez d'abonnés. Mais cela ne se fera pas en un jour. À moins de participer demain à une émission de téléréalité ou d'être propulsé dans les actualités, un bon réseau se construit lentement mais sûrement.

6. Garder une attitude professionnelle.

Il suffit d'un clic pour que votre candidature soit propulsée sous les yeux de tout un réseau de personnalités finement sélectionnées, ce qui est assez magique

…/…

à la réflexion. Respectez deux maîtres mots : prudence et professionnalisme. En effet, comme partout ailleurs sur le Web, les règles de bonne conduite sont requises. Votre comportement doit constamment être adapté à votre démarche professionnelle. Même si le climat est plutôt détendu et convivial, évitez les familiarités, l'humour douteux ou toute tactique de harcèlement auprès des recruteurs… Cela ne serait en rien constructif pour votre e-réputation.

Le langage Twitter

Parmi les freins à utiliser Twitter figure le fait que la twitosphère a développé un langage un peu particulier qui peut effrayer les novices. Nous vous proposons quelques signes et définitions essentiels à votre première approche.

Dico Twitter

- *Follower* = profil abonné à votre flux Twitter.
- *Following* = abonnement (profil que vous suivez).
- *Follow Friday* (# FF) : recommandation du vendredi des personnes à suivre.
- *FF Back* : tweet envoyé en remerciement d'un Follow Friday.
- *Hashtag* (mot-clé précédé d'un signe #) : le signe *hashtag* permet de regrouper les messages autour d'un thème, d'un nom, d'un événement, d'une personne…
- *Live tweet* (LT) : tweet en direct d'un événement par ses intervenants, participants ou spectateurs (émission de TV, concert, conférence, salon…).
- *RT* (*ReTweet*) : message déjà tweeté, repris par un autre tweet.
- *Timeline* : liste chronologique des tweets de ses abonnements (fil d'actualité).
- *Top tweet* : tweet populaire, identifié comme tel et mis en avant par Twitter (notamment en haut des résultats d'une recherche). Plus un tweet est retweeté, plus il a de chances d'apparaître dans les Top Tweets.
- *TT* (*trending topics*) : sujets les plus abordés sur Twitter.
- *Tweet* : message rédigé et envoyé sur Twitter, comportant 140 caractères maximum.
- *Twitto* (pluriel *Twittos*) : utilisateur de Twitter.
- *Twitta* (pluriel *Twittas*) : utilisatrice de Twitter (attention, peut parfois être connotée « mœurs légères »).
- *Twoosh* : tweet de 140 caractères.

Twitter s'avère être un excellent outil de veille pour détecter les offres d'emploi. Suivez les entreprises que vous ciblez, mais également différents acteurs de l'emploi (institutionnels, sites, cabinets de recrutement, etc.). Vous trouverez nos suggestions en annexe de cet ouvrage.

Les réseaux sociaux spécialisés ou dits « de niche »

Vous possédez une expertise bien particulière ou vous souhaitez tout simplement développer un réseau ciblé au sein de votre univers professionnel ? Les réseaux spécialisés, même si moins fréquentés, cultivent et revendiquent l'expertise professionnelle (voir la liste détaillée en annexe).

■ L'e-cooptation

Elle se développe sur les réseaux. Facebook explore le monde professionnel et cherche à devenir un nouveau canal de recrutement à travers des applications comme Work for Us ou OhMyJob, véritables mini-*jobboards* qui apparaissent directement sur les pages de certaines entreprises. Les candidats peuvent ainsi consulter les opportunités professionnelles du moment sur la page fan de leur marque préférée, les recommander à leurs amis, leur adresser et même postuler directement sans quitter Facebook. De son côté, LinkedIn a lancé l'application Referral Engine. Le principe est le suivant : lorsqu'une entreprise lance un recrutement, ses salariés se voient proposer parmi leurs contacts LinkedIn les profils les plus en adéquation avec le poste à pourvoir, grâce à un matching puissant. À eux de recommander à leur société le profil qui leur semble le plus pertinent, en fonction par exemple des compétences de cette relation et de sa compatibilité culturelle avec l'entreprise.

Quelques sites de cooptation à découvrir

- MatchFwd : *www.matchfwd.com.*
- KeyCoopt : *www.keycoopt.com.*
- MyJobCompany : *www.myjobcompany.com.*
- Work4 : *www.work4labs.com.*

Étape 5 : bâtir une stratégie d'influence

Vers une stratégie d'influence

Peut-on être à la quête d'un nouveau job et s'affranchir d'une recherche menée exclusivement à partir du CV et des traditionnelles lettres de motivation ? Peut-on rompre avec les clichés du pauvre « chômeur » ou pire encore du « triste demandeur d'emploi » ? Peut-on prendre un réel plaisir en menant une recherche « apprenante », valorisante et performante ? Oui fort heureusement, et c'est là une fantastique avancée permise par les technologies du Web. Internet est un média de large audience qui permet à chacun de s'exprimer auprès de ses publics cible. Un discours pertinent (c'est-à-dire qui concerne et intéresse la cible de l'émetteur), un discours apprenant (c'est-à-dire qui apporte une réelle plus-value à l'environnement professionnel) est par définition un discours influent !

Développer une stratégie d'influence, c'est agir en professionnel vers des professionnels (peu importe finalement que l'on soit en recherche d'emploi ou non, ce n'est plus le sujet). C'est agir en contributeur par l'apport d'informations utiles en réponse à des problématiques de marché. C'est agir en interaction avec ses cibles potentielles sur un terrain « gagnant-gagnant ». Et l'exceptionnelle contrepartie offerte par le Web en réponse à cet effort contributif qui nourrit l'intelligence collective, est de positionner l'émetteur en expert !

Et c'est finalement cet expert reconnu qui sera sollicité par le professionnel (contact réseau devenant privilégié et/ou recruteur) qui trouvera ainsi une réponse à ses besoins. L'objectif est atteint !

La condition *sine qua non* reste bien entendu la pertinence du contenu délivré et son rythme de diffusion (pas de contenu passe-partout – pas de boulimie d'information). Et pour définir cette pertinence, rien de tel qu'une approche en mode Explorateur ou Stratège, au plus près du terrain !

La diffusion de contenu, si elle s'avère séduisante, est-elle pour autant à la portée de tous ? Car ce n'est finalement pas si évident de s'inscrire en contributeur auprès d'une communauté d'experts. Plusieurs qualités sont en effet requises.

La première est « la curiosité » nécessaire pour comprendre un marché, son environnement, son actualité, ses enjeux, ses attentes et donc ses besoins. C'est un travail qui prend naturellement sa source sur le terrain, au contact des professionnels, en entretien et en face-à-face, car l'information reçue n'est pas la même que celle délivrée par les plaquettes publicitaires ou pourvue sur Internet par ailleurs très utile.

La deuxième qualité est probablement « l'écoute ». Il s'agit de « s'oublier soi-même » pour porter toute son attention à son interlocuteur. Si cette posture est naturelle pour un profil de type Explorateur, elle sera nettement moins évidente pour un profil Demandeur qui aura tendance à vouloir parler de lui pour « se vendre ». L'écoute active permet de découvrir et de retenir pour mieux transmettre.

Nous pourrions parler « d'agilité » pour la troisième qualité requise. Il s'agit en fait d'une réelle flexibilité intellectuelle, à la portée de tous, qui permet d'adapter son projet ou positionnement professionnel à la réalité d'un besoin constaté.

Prenons l'exemple d'un professionnel des ressources humaines qui a une expérience de généraliste. Les rencontres qu'il effectue auprès de ses réseaux l'amènent à constater un fort questionnement du marché sur l'impact du Web dans la fonction RH, et plus précisément dans la mise en place de réseaux collaboratifs d'entreprise.

Généraliste au départ, il choisit de devenir contributeur sur cette thématique. Il nourrit son marché et se forge progressivement une réputation d'expert de référence sur le sujet. Il a su adapter son approche de généraliste avec « agilité » pour trouver un « angle d'expertise » porteur sur le marché.

Rédiger pour le Web et laisser la marque de son expertise *online*

Être curieux, à l'écoute de l'autre et du marché, et agile pour adapter son offre aux besoins du marché, c'est une chose. Mais on peut quand même et en toute légitimité se poser la question de savoir si oui ou non, on « saura » produire du contenu !

Est-ce un « sport » réservé aux fines plumes ? Faut-il avoir beaucoup de temps devant soi ?

Voici quelques réponses adaptées à trois cas de figure.

■ Le blog

Vous avez envie de produire du contenu car vous avez un angle d'expertise à valoriser ; vous en avez le temps et vous n'êtes pas dépourvu de qualités rédactionnelles : **créez votre blog** !

Selon une enquête menée par les *Échos Entrepreneurs* en 2012, les blogs et les réseaux sociaux sont aujourd'hui quasi incontournables dans les actions de communication, de réseautage ou même plus simplement d'information sur un secteur.

Ces blogs sont l'œuvre de passionnés, d'entrepreneurs. Il existe des blogueurs créateurs, qui font part de leur parcours, de leurs déboires, et de leurs réussites. On trouve également des blogs d'acteurs civiques comme des enseignants, des chercheurs, des coachs… Certains sont généralistes, d'autres spécialisés sur un secteur, d'autres encore sont des experts du recrutement et des médias sociaux. Ces blogs sont en général une source très riche d'échanges. Ils présentent des idées intéressantes et offrent de précieux conseils. Ils permettent également de se tisser un réseau d'experts dans un domaine donné.

Quel que soit votre niveau technique, il y a forcément la plateforme de blog pour vous dans la liste ci-dessous :

Nom	Adresse	Coût	Niveau	Conseils et Assistance
Blog4ever	www.blog4ever.com	Gratuit et/ou payant	Débutant	Oui
Blogger	www.blogger.com/	Gratuit	Débutant	Oui
Canal Blog	www.canalblog.com	Gratuit	Débutant	Oui
Over Blog	www.over-blog.com	Gratuit	Débutant	Oui
Wordpress	www.wordpresse.org ou www.wordpress.com	Gratuit et/ou payant	Débutant à intermédiaire	Oui

Comment créer votre blog personnel

Faites un espace à votre nom consacré à une ou plusieurs thématiques de votre environnement professionnel. C'est une démarche extrêmement engageante. Avant de vous lancer dans la création de votre blog, votre motivation ainsi que votre capacité à produire un contenu rédactionnel à la fois qualitatif et régulier sont à analyser. Tenir un blog est un vrai travail qui ne doit pas se substituer à vos objectifs de mobilité professionnelle. Il contribuera fortement à améliorer votre visibilité, votre image et à démontrer certaines de vos expertises pointues, mais également votre capacité à piloter un projet ou encore votre créativité, votre curiosité…, chaque rubrique créée et chaque billet publié étant une porte ouverte sur les multiples facettes de votre marque et de vos compétences. Autant d'occasions également pour les recruteurs de se faire une première bonne impression de vous. Encore faut-il faire preuve de régularité, d'originalité, de créativité et être capable de se tenir à une ligne éditoriale dans la durée. Contrairement à ce qu'on peut entendre ou lire ici et là, ouvrir un blog aujourd'hui est certes accessible à tous, mais il n'est pas adapté à tous ! Il ne suffit pas d'aimer écrire ou d'avoir des facilités rédactionnelles – bien que cela fasse partie des prérequis – il faut aussi, au minimum :

- être en mesure d'y consacrer du temps et être régulier dans son animation ;
- être suffisamment pointu dans son expertise et original dans son approche des sujets pour apporter une réelle plus-value au marché.

…/…

Vous êtes convaincu ? Vous voulez poursuivre ?

- Rédigez votre ligne éditoriale.
- Choisissez votre hébergeur.
- Ouvrez votre compte.
- Rédigez, publiez, diffusez.

Créez et rédigez votre ligne éditoriale

Fixez-vous une ligne éditoriale qui vous permettra d'encadrer votre communication et de servir les intérêts de votre projet professionnel.

Rappelez-vous votre but. Vous faire plaisir est la moindre des choses au vu de l'investissement que représente la tenue d'un blog. N'occultez cependant pas votre objectif *in fine* : ne le perdez pas de vue !

Quelques objectifs utiles. Vous faire repérer, démontrer votre expertise, contrecarrer des idées reçues, assouvir votre besoin de transmettre et d'écrire, développer votre réseau...

Pensez à votre public cible. À qui vous vous adressez ? Qu'attend votre public cible de vos contenus ? De quoi a-t-il besoin ? Quels sont ses centres d'intérêt ? Comment créer un lien avec lui et le fidéliser ? Comment s'adresser à lui, avec quelle tonalité et quelle proximité ?

Listez vos thématiques et genres éditoriaux. Quel est le principal domaine d'expertise de votre blog ? Quelles rubriques et sous-rubriques pouvez-vous lister ? Quels sujets allez-vous traiter ? Quel domaine d'expertise ? Quels types de billets ? Quelle approche pour ces sujets : information ? Nouveauté ? Enquêtes ? Interview ? Vous accorderez-vous un billet d'humeur de temps en temps ? Quelle place pour votre CV et votre projet professionnel ?

Définissez votre message essentiel : Quel message, quelle promesse pour votre public cible et votre marché professionnel ?

Fixez-vous un rythme de diffusion

Soyez réaliste, fixez-vous un planning que vous serez en mesure – sauf exception – de maintenir dans le temps. Accordez-vous une marge de manœuvre et listez par thématique le rythme des billets à publier : par semaine, par mois, par trimestre... Un tableau calendaire par thématique et par mois est souvent conseillé, avec une tolérance acceptée à propos des sujets réellement développés par rubrique.

.../...

Mettez en place une veille sur vos thématiques

Ainsi rien ne vous échappera et vous serez à même de réagir sur une actualité importante.

Définissez et respectez votre charte éditoriale.

Inscrivez-vous dans une pleine cohérence avec vos autres outils de communication *online-offline* et établissez vos règles (votre Passeport de marque personnelle peut vous permettre de recueillir votre charte éditoriale) : couleurs, typographie, photos, signature...

Des domaines sans hébergement

Si vous souhaitez acheter votre nom de domaine sans hébergement :

- 1 & 1 : *www.1and1.fr/Nom_De_Domaine.*
- LWS : *www.lws.fr/Nom-De-Domaine.*
- Mon domaine : *www.mondomaine.fr.*
- OVH domaines : *www.ovh.com/fr/domaines/.*

Inspirez-vous des meilleurs, ils partagent volontiers leurs expériences et astuces.

Top 5 toutes catégories

Presse Citron	High-tech	L'actualité du Web et des nouvelles technologies	*www.presse-citron.com*
Fubiz	Culture	Blogzine en anglais	*www.fubiz.net*
Gizmodo	High-tech	Le blog des gadgets	*www.gizmodo.fr*
SobusyGirls	Life syle	Bogzine réservée aux filles	*www.sobusygrils.fr*
Le Blog du Modérateur	High-tech	Conseils pour optimiser votre blog emploi...	*www.blogdumoderateur.com*

Source : *classement ebuzzing, septembre 2013 (*www.ebuzzing.com)

**Top 10 des blogs conseils emploi
(classement ebuzzing - septembre 2013)**

Mode(s) d'emploi	Le monde du travail décrypté par RégionsJob.	*www.blog-emploi.com*
Job 2.0	Comment dynamiser votre recherche d'emploi ou booster votre carrière en utilisant les médias sociaux et les technologies mobiles !	*www.job-2-0.com*
Recrutement mobile et social	Recrutement, marque employeur, *sourcing*, recrutement 2.0 et recrutement réseaux sociaux, recruter 2.0.	*www.recrutementmedias-sociaux.com*
Talentéo	Tous les talents accessibles : l'innovation 2.0 au service du recrutement, du handicap et de la diversité.	*www.talenteo.fr*
Ze Village	Imaginons ensemble le futur du travail.	*www.zevillage.fr*
En aparté	Chroniques autour de la conciliation vie privée/vie professionnelle, par Gaëlle Picut.	*www.en-aparte.com*
Id-Carrières Blog	Une réflexion pragmatique sans langue de bois sur les carrières et l'emploi pour faire bouger les lignes.	*www.id-carrieres.com/blog*
Le Blog des Cadres du BTP	Blog de Fabien Boschat et Julien Perez pour l'emploi des ingénieurs de la construction.	*www.atlantisrh.fr*
Le blog pour l'emploi	Trouver mieux !	*www.blog-pour-emploi.com*
La page de l'emploi, par Page personnel	La Page de l'emploi, le blog de Page personnel, dédié à l'actualité du recrutement et de l'intérim. Analyses, tendances de marché, conseils de carrière, initiatives.	*www.la-page-de-l-emploi. pagepersonnel.fr*

■ La curation de contenu[1]

Vous avez l'envie et le temps, mais pas de qualité rédactionnelle particulière : **faites de la curation de contenu** !

Parmi les stratégies à mettre en place pour véhiculer votre implication professionnelle et alimenter le Web de liens et de contenus de

---

1. *Source* : « Guide de la curation », *01net*.

qualité rattachés à votre e-réputation, figure la curation de contenu. Il s'agit d'une pratique de plus en plus populaire qui consiste à éditorialiser et partager du contenu en ligne. Le terme *curation* ou *content curation* vient des États-Unis (*curator* = commissaire en charge de sélectionner des œuvres d'art pour les exposer). En France, le terme « curation » est apparu fin 2010, présenté comme la convergence des deux activités principales d'Internet : la recherche et le partage d'informations. Il existe deux formes de curation : la curation automatique et la curation manuelle, proposée notamment par les plateformes de curation. Nous vous recommandons précisément ces dernières car elles sont plus adaptées à votre utilisation. À noter que pour la grande majorité d'entre elles, les plateformes sont de vrais réseaux sociaux. Décider d'être *curator*, c'est choisir de développer un réseau autour de thématiques communes. Devenir *curator* consiste à ouvrir un compte sur une plateforme de curation et selon sa ligne éditoriale prédéfinie par son *personal branding*, rechercher puis publier des informations sur des sujets ciblés, des actualités, des nouveautés ou encore des expériences partagées. Vous créez ainsi une sorte de journal en ligne et vous endossez le rôle du directeur éditorial pour sélectionner, recommander et diffuser des articles de presse ou billets de blog, des vidéos, autour de vos sujets de prédilections et en votre nom. L'activité de curation est très plaisante et enrichissante. Votre image professionnelle étant engagée, veillez bien à ne pas sortir du cadre défini.

Quelques plateformes de curation à découvrir et à utiliser

Elkorado (*www/elkorado.com*)

Elkorado mise sur le partage et le stockage de contenus de qualité, qualifiés de pépites. Classées par thématiques, vous pourrez ainsi consulter les pépites partagées sur la plateforme et partager les vôtres. La pertinence de vos sélections sera un atout pour votre image sur ce réseau.

LinkedIn Today (*www.linkedin.com/today/*)

LinkedIn vous propose d'être en veille sur des thématiques mais également de suivre des personnes influentes, vous pourrez ainsi recevoir du contenu ciblé chaque jour et le partager avec votre réseau.

.../...

Pearltrees (*www.pearltrees.com*)

Pearltrees est une plateforme de curation assez originale dans son approche et par sa présentation qui séduira les plus créatifs. L'espace du *curator* est présenté sous forme d'arbre à perles, chaque perle correspondant à une page Web. Votre espace ressemble à une étoile, voire au Web lui-même et à sa Toile sur laquelle se tissent vos activités digitales. Vous êtes reliés aux autres membres de la communauté *via* vos perles communes. Le résultat est assez ludique et esthétique.

Scoop it (*www.scoop.it/*)

Scoop it vous permet de créer votre journal personnel et d'en devenir le rédacteur en chef. En fonction de votre thématique et de vos mots-clés il vous suggère des articles mais également des comptes à suivre. Comme pour Twitter vous pouvez suivre et être suivi. Vous pouvez relayer vos articles simultanément sur Twitter et LinkedIn. Plus vos sélections éditoriales sont de qualité, plus votre Webzine Scoop it est suivi et votre expertise reconnue. Aussi ludique, esthétique qu'efficace, Scoop it est une excellente plateforme de curation pour soigner votre marque personnelle.

Trois outils de curation « automatique »

Paper-li (*http://paper.li/*)

Paper-li vous propose de créer votre journal en ligne et cultive volontairement la ressemblance avec la presse papier. C'est un outil de veille et de diffusion de contenus rédactionnels et aussi de vidéo. Une partie de votre contenu sera alimentée par votre activité sur Twitter et celle de vos *followers*, c'est pourquoi on qualifie Paper-li de plateforme de curation « automatique ». Retrouvez un comparatif détaillé et tenu à jour sur *www.socialcompare.com*.

Pinterest (*https://www.pinterest.com*)

Pinterest est une plateforme-réseau de partage en ligne d'images en plein développement qui séduit nombre de recruteurs. Vous créez votre espace personnel et vous ouvrez vos thématiques sous forme de tableaux dans lesquels vous allez « épingler » des photos et des visuels. Les entreprises et autres professionnels peuvent s'abonner à vos tableaux, vous emprunter vos photos en les épinglant à leur tour dans leur propre espace. Ne le dites plus avec des mots, dites-le avec des photos. Un univers original tout en couleurs qui saura inspirer les créatifs.

.../...

Youtube (*www.youtube.com*)

Youtube est un site d'hébergement et de partage de vidéo en ligne. Vous pouvez créer un compte et ouvrir votre propre chaîne très facilement pour diffuser du contenu mais aussi en consulter librement. Recherchez votre thématique et vous serez agréablement surpris par le nombre de contenus vidéo et tutoriels gracieusement mis à votre disposition.

■ Vous avez des capacités rédactionnelles mais vous manquez de temps

Vous pouvez :

- Contribuer ponctuellement à la rédaction de billets en invité sur des blogs.
- Ouvrir un compte Wikipédia et alimenter cet annuaire collaboratif de vos lumières et expertises : *http://fr.wikipedia.org/wiki/Aide:Tout_lindispensable…*
- Rédiger des articles en qualité de journaliste citoyen :
  - Agoravox : *www.agoravox.fr*
  - Le Cercle Les Échos : *www.lecercle.leschos.fr*
  - Rue 89 : *www.rue89.fr*
  - Wikinews : *http://fr.wikinews.org/wiki/Accueil.*
- La rédaction d'articles sur ce type de plateforme a, entre autres avantages, l'intérêt de vous permettre de récupérer un fichier pdf de votre contenu, de le lier à votre profil sur les réseaux socioprofessionnels et de l'adresser à vos réseaux « terrain » et contacts cibles. C'est une façon professionnelle et efficace de maintenir votre profil « présent à l'esprit » de vos interlocuteurs.
- Ouvrir un profil sur SlideShare pour publier du contenu en votre nom ponctuellement.

Un outil précieux : SlideShare (*https:// fr.slideshare.net*)

Vous possédez une expertise et êtes suffisamment créatif et inspiré pour produire du contenu rédactionnel sur des sujets que vous maîtrisez pleinement ? SlideShare est un réseau social qui vous permet de mettre en ligne et de partager toutes sortes de contenus – des présentations PowerPoint, Word ou pdf, mais également des photos, des vidéos –, de drainer du flux d'activités sur votre blog si vous en avez un, ou tout simplement de contribuer à rattacher vos domaines d'expertise à votre e-réputation. De plus, si vos présentations sont appréciées, elles pourront être relayées sur les réseaux sociaux.

Conseils pour une utilisation optimale de SlideShare

1. Soignez votre présentation et la qualité de votre contenu.

2. Choisissez un titre clair et rédigez un texte de présentation précis.

3. Sélectionnez avec soin vos mots-clés (tag) qui permettront à vos présentations d'être trouvées par les internautes.

4. Paramètres avancés : protégez votre contenu *via* la licence « tous droits réservés ou Créative Commons ».

5. Informez votre réseau et diffusez votre présentation.

- Partagez sur les réseaux sociaux en cliquant directement sur les boutons proposés.

- Récupérez l'adresse du lien et indiquez-la dans votre signature mails ou sur vos réseaux sociaux.

- Permettez le lien avec votre compte LinkedIn.

- Si vous possédez un blog vous pouvez récupérer les codes de votre présentation afin de la diffuser.

■ Quelques outils complémentaires

Gérez votre veille, vos réseaux sociaux et votre stratégie d'influence en un même espace

C'est ce qu'HootSuite vous propose (*www.hootsuite.com*). Personnalisez votre espace et managez votre veille et votre stratégie d'influence en toute simplicité. Vos comptes LinkedIn, Viadeo, Twitter,

Scoop it… Tous rassemblés pour vous en faciliter la gestion et vous permettre de mieux optimiser votre temps.

Centraliser votre présence en ligne en une adresse unique

Prendre soin de son e-réputation, vous le constatez, nécessite de créer et de façonner un certain nombre d'outils afin de semer sur la Toile des petits cailloux qui mèneront les recruteurs à vous repérer et à se construire une image de vous « authentique et professionnelle ». Au fur et à mesure, que votre e-boîte à outils se remplit il peut devenir compliqué et difficile de diffuser ces nombreux liens auprès de vos contacts. Accumulés en fin de signature, cela peut nuire à la clarté globale de votre message et se révéler au final contre-productif. La solution idéale consiste à ouvrir un espace dédié à votre présence et d'y regrouper tous vos liens – réseaux sociaux, e-CV, blog… – en une seule adresse personnalisée et prévue pour aider les visiteurs à vous suivre et à vous retrouver sur la Toile. Cette solution existe et, encore une fois, est accessible à tous, du débutant au *geek* passionné et expert en nouvelles technologies. Plusieurs plateformes vous proposent ce service. Nous en avons sélectionné deux assez différentes, qui à elles seules, répondent aux besoins et aptitudes du plus grand nombre.

Aliaz, « moi version Web » (http://aliaz.com/)

Créé en janvier 2012 par Region Job, Aliaz est une plateforme française spécialisée dans l'agrégation de contenu et aimant se présenter comme une carte d'identité numérique. Muni d'une adresse mail valide, vous pouvez créer votre profil aliaz en quelques secondes et dans un cadre 100 % sécurisé. Accessible gratuitement, une version Premium vous offre un meilleur service de gestion de votre identité, notamment votre nom de domaine ainsi qu'un large choix de visuels. Avec Aliaz, votre image est soignée.

Nous apprécions particulièrement : les visuels, les conseils « identité numérique », la simplicité de navigation et de personnalisation et le QRCode personnel.

Tiki'mee, « soyez remarkable » (http://www.tikimee.com/fr)

Un outil très séduisant qui met en scène votre présence en ligne en 6 × 6 tableaux personnalisés. Avec Tiki'mee nous franchissons un cap important en termes de gestion d'identité numérique. À la fois accessible aux particuliers et aux entreprises, une approche réfléchie et une préparation stratégique sont recommandées pour optimiser pleinement cet espace et mettre en image vos thématiques. Un travail de *personal branding* par excellence ! Trois offres vont de 1 € à 10 € TTC par mois. Vous pouvez découvrir et tester gratuitement les services de Tiki'mee pendant trente jours.

Nous apprécions particulièrement : Jusqu'à trente-six tableaux personnalisables, le référencement Google de votre compte, la signature e-mail en image, le service cartes de visite et le test Google Score.

Deux autres plateformes de centralisation de l'identité numérique

- About me : *https ://about. me/*.
- Flavors me : *http://fr.flavors.me/*.

■ Le QR Code, l'outil de réconciliation entre le papier et le digital ?

Tendance, mobile, personnalisable et interactif. Le QR Code est, comme sa traduction en anglais l'indique – *quick response* –, un outil salué par le monde du marketing pour sa rapidité de transfert d'informations et sa capacité de contenu très dense et diversifiée. Destiné à être lu par un téléphone mobile, une Webcam ou un lecteur de code-barres, ce petit carré « mosaïque » s'affiche en 4 × 3 dans la rue, sur les devantures de boutiques, en kiosque et sur les pages de magazine. Pourquoi ne pas l'apposer sur votre CV papier ou sur votre carte de visite ? Créer un QR Code pour promouvoir votre site e-CV, votre blog ou encore diffuser votre projet professionnel, contribuera à vous différencier et à valoriser votre marque personnelle. D'autant que le QRCode peut revêtir des couleurs et des formes originales, de quoi inspirer les plus créatifs.

Trois sites qui proposent de créer et personnaliser des QR Code gratuitement

- **Unitag :** *www.unitag.fr/qrcode.*
- **Mon QR Code :** *www.monqrcode.com.*
- **Mobile Tag :** *www.qrcode.mobiletag.com.*

Quels outils pour quels profils ? Portrait-robot de quatre profils type

L'Impulsif ou « le changement, c'est maintenant… ou plus tard ! »

Rappelons que la motivation principale de l'Impulsif est de quitter la structure qui l'emploie actuellement. En termes d'outils Web 2.0, il va créer un profil LinkedIn et/ou Viadeo, intégrant ses mots-clés, solliciter des recommandations selon la méthode CAR (Contexte, Actions, Résultats), développer son réseau relationnel en Intégrant ses mots-clés dans le message de mise en relation, mettre une veille et des alertes sur les opportunités qu'il recherche (Google Alerts, Netvives) et surveiller sa réputation *via* Reputation VIP. Il va créer son e-CV sur DoYouBuzz, ouvrir une page Aliaz, Tiki'mee ou About me. Il va faire de la curation de contenu avec Scoop it ou Paper-li, s'abonner à OhMyJob ! sur Facebook – après avoir pris soin de paramétrer la confidentialité de son compte – il va mettre en place des alertes sur les différents *jobboards* et sur Indeed.

Le Demandeur ou « Le travail, c'est ma santé ! »

Pour retrouver un emploi le plus rapidement possible, sur un poste et dans un environnement correspondant idéalement à ce qu'il a connu, ce qui est sa motivation principale, le Demandeur va solliciter des recommandations sur ses profils selon la méthode CAR (rappeler le **c**ontexte, les principales **a**ctions, et les principaux **r**ésultats), mettre en place un système d'alertes sur ses *jobboards* et sur Indeed. Il va penser à faire une demande de connexion sur les réseaux en ligne après chaque rencontre réseau, accompagnée d'un message intégrant le contexte de la rencontre, installer les applications emploi sur Facebook (WorkForUs, Jobs4me, OhMyJob, RégionsJob, Jobvite) et s'inscrire en fan aux pages de l'APEC, Cadremploi, RégionsJobs, OhMyJob. Il téléchargera les applications des *jobboards* et de ses réseaux sur son smartphone afin de ne manquer aucune opportunité et de gagner en réactivité. Il va créer des alertes Google,

.../...

un compte Réputation VIP et paramétrer une page Netvibes pour être en veille constante. Il suivra les *followers* influents sur Twitter et associés aux entreprises, secteurs d'activité, métiers ciblés. Il va créer son e-CV sur DoYouBuzz ou CV Motion, organiser son espace Tiki'mee, faire de la curation et partager le fruit de sa veille sur ses différents profils en ligne *via* et sur Scoop it.

L'Explorateur ou « La prise de contacts, c'est mon énergie ! »

Ce qui intéresse fondamentalement l'Explorateur, rappelons-le, c'est de bien cerner l'état de son marché professionnel, d'en comprendre les attentes et les potentialités pour apporter une réponse pertinente à un besoin constaté. Dès lors, il va utiliser le Web 2.0 pour optimiser ses contacts existants et potentiels, sans négliger les demandes de mise en relation (il aura facilement plus de 200 contacts car il a compris très vite le fonctionnement et l'utilité des réseaux en ligne). Il rédigera des profils sur des réseaux spécialisés et essaiera de rencontrer systématiquement chaque nouveau contact ou d'avoir un échange téléphonique avec ceux qu'il ne pourra pas rencontrer. Il sera abonné à des groupes de discussion sur les thématiques professionnelles qui l'intéressent et auxquels il participera parfois (mais pas systématiquement). Il pourra aussi avoir son blog ou même son site Internet. S'il dispose d'une expertise spécifique sur le marché, il publiera éventuellement un livre blanc. Il utilisera un compte Twitter entretenu depuis plusieurs mois pour suivre l'actualité de son marché et garder une relation régulière avec ses interlocuteurs naturels.

Sur les réseaux sociaux il sollicitera des recommandations selon la méthode CAR (Contexte, Actions, Résultats), participera activement aux groupes de discussions correspondant à ses cibles et développera ainsi son réseau relationnel. Il mettra en place un système de veille sur Réputation VIP. Il créera un PowerPoint et/ou une vidéo pour présenter son offre de services et l'intégrera sur son profil *via* SlideShare. Il s'abonnera aux pages des entreprises ciblées et fera une demande de connexion après chaque rencontre réseau, accompagnée d'un message intégrant le contexte de la rencontre. Sur Twitter, il identifiera les *followers* correspondants à ses mots-clés et développera son propre réseau de followers. Il pourra aussi créer un blog professionnel consacré à ses expertises et le promouvoir sur ses différents profils afin de solliciter des entretiens réseau en utilisant le prétexte du blog.

Il publiera des articles correspondant à sa recherche en prenant soin d'utiliser ses mots-clés, enverra régulièrement des mails de « veille » à ses contacts pour maintenir la relation, s'abonnera à des flux RSS de sites/blogs correspondant à ses mots-clés pour nourrir son blog.

.../...

Et bien sûr, il mettra en place des alertes Google associées aux entreprises, secteurs d'activité et métiers ciblés. Il créera son CV sur DoYouBuzz ou CV Motion, son Tiki'mee et mettra en place des alertes sur les différents *jobboards* (Monster, KelJobs, etc.). Il surveillera sa réputation sur RéputationVIP, sans oublier de partager le fruit de sa veille sur ses différents profils et *via* sa plate-forme de curation.

Le Stratège ou « Ma vision, c'est grand angle »

Souhaitant avoir toujours un temps professionnel d'avance, le stratège s'ins-crira sur les réseaux sociaux professionnels et participera aux groupes de discussion qui correspondent aux thématiques professionnelles dont il est partie prenante et, de ce fait, n'hésitera pas à prendre parole et position. Il aura une attitude généreuse avec les personnes voulant faire partie de son réseau et n'occultera aucune demande de mise en relation. Il aura générale-ment travaillé son *personal branding* en s'inspirant spontanément des articles qui paraissent sur le Web à ce sujet. Sensible à son e-réputation, il observera attentivement ce que l'on dit de lui. Il aura depuis longtemps acheté et réservé son nom de domaine. Il centralisera sa présence en ligne sur son Aliaz ou sur Tiki'mee et s'en servira d'e-carte de visite et de signature à chaque occasion. Sur les réseaux sociaux il sollicitera des recommandations selon la méthode CAR (Contexte, Actions, Résultats) et participera activement aux groupes de discussions correspondant à ses cibles pour développer son réseau relationnel. Il publiera des présentations PowerPoint ou PDF répondant à une probléma-tique métier ou marché et/ou qui présente son offre de services et les inté-grera sur son profil *via* SlideShare. Il s'abonnera aux pages des entreprises qu'il ciblera et fera une demande de connexion après chaque rencontre réseau, accompagnée d'un message intégrant le contexte de la rencontre. Sur Twitter, il identifiera les followers correspondant à ses mots-clés, développera son réseau et partagera le fruit de sa « veille ». Sur YouTube, il proposera des vidéos répondant à une problématique métier. *Via* Google +, il invitera ses contacts à rejoindre son réseau, partagera son « actualité » et sa « veille » sur ses diffé-rents profils, postera des articles, des vidéos apportant de la valeur à ses inter-locuteurs.

Il créera un blog professionnel consacré à ses expertises et le promouvra sur ses différents profils et sollicitera des entretiens réseaux en utilisant le prétexte du blog. Il s'abonnera à des flux RSS de sites/blogs correspondant à ses mots-clés pour nourrir son blog. Il publiera des articles et partagera des contenus corres-pondant à son domaine d'expertise en prenant soin d'utiliser ses mots-clés et enverra régulièrement des mails de « veille » à ses contacts pour maintenir

.../...

la relation. Le stratège aura bien entendu créé des alertes Google associées aux entreprises, ouvert une veille sur sa marque personnelle et sur ses secteurs d'activité, métiers ciblés. Il aura créé et enrichi son e-CV, relié à tous ses réseaux, et il aura centralisé son activité sur un Tiki'mee personnalisé. Il surveillera régulièrement son score de réputation sur Réputation VIP.

Contenu de la boîte à outils type

- Un outil de veille et de contrôle (e-réputation et marché).
- Un profil à jour sur les deux réseaux professionnels principaux : Viadeo et LinkedIn.
- L'inscription et la participation à au moins un groupe de professionnels sur les réseaux sociaux.
- Une inscription, un dépôt de CV et une alerte sur les trois principaux *jobboards* correspondant le mieux à son projet professionnel (sans oublier l'Apec ou Pôle Emploi).
- Un e-CV relié et connecté à ses réseaux sociaux et automatiquement inclus dans sa signature de mail (Correspondance recruteurs et marché cible).
- Son nom de domaine réservé (prénom-nom) sur lequel on pourra relier, au choix, une page personnelle en ligne, son e-CV, une e-carte de visite.

Conseil pour le choix de vos outils à travers une règle élémentaire du *personal branding*

Quand vous utilisez vos outils de communication, il est impératif :

- que vous soyez **à l'aise** avec ces outils ;
- que vous ayiez **plaisir** à les utiliser.

Si l'un de ces deux impératifs vous manque : l'outil concerné ne vous correspond pas. Nous vous recommandons de le changer.

Le tableau des stratégies 2.0

Outils	Visibilité	Image	Contenu	Veille	Différenciation	Réseau
e-CV (Doyoubuzz, CV Motion, Easy CV…)	Oui	Oui	Oui		Oui	
Blog personnel	Oui	Oui	Oui	Oui	Oui	Oui
Twitter	Oui	Oui	Oui	Oui	Oui	Oui
Réseaux sociaux professionnels LinkedIn, Viadeo, Google +	Oui	Oui	Oui	Oui	Oui	Oui
Plateforme e-réputation (Tiki'mee, Aliaz, About me…)	Oui	Oui			Oui	
Vidéo en ligne, (YouTube, Dailymotion)	Oui	Oui	Oui		Oui	Oui
Journal 2.0 (Scoop it, Paper li, Le Cercle Les Échos)	Oui	Oui	Oui	Oui	Oui	Oui
Pinterst, Instagram	Oui	Oui	Oui	Oui	Oui	
Présentations en ligne (SlideShare…)	Oui	Oui	Oui	Oui	Oui	Oui

Conclusion

Les lignes de cet ouvrage témoignent de l'impact considérable d'Internet dans le cadre de la gestion de carrière. Les technologies numériques offrent une avancée fantastique pour les candidats à la mobilité professionnelle. Ils disposent aujourd'hui d'une large vitrine d'offres d'emploi du marché drainées par les *jobboards* et autres métamoteurs de recherche. Mieux encore, grâce aux alertes et aux flux RSS, ils peuvent faire venir à eux leur sélection sans avoir à arpenter la Toile. Enfin, le Web constitue une source privilégiée d'informations pour se tenir au fait de l'actualité d'un secteur d'activité ou même d'un métier et mener les investigations nécessaires pour une performance accrue. La rapidité des candidatures *online* et l'économie du timbre postal, notamment lors de campagnes e-mailing de candidatures spontanées sont très appréciables. L'idée maîtresse reste cependant qu'Internet ne constitue pas une fin en soi mais apporte de précieuses ressources au service d'un « travail de recherche sur le terrain ».

Pour le professionnel en poste, Internet est à la fois une tribune et une vitrine qui lui permettent d'exprimer pleinement son positionnement et de développer un véritable leadership professionnel, propice à une bonne e-réputation, pour peu qu'il ne cède pas à la tentation de l'infobésité.

Côté recruteur, les avancées sont également appréciables en termes d'économie de coût car le Web s'avère sensiblement moins cher pour un recrutement qu'une approche classique, ne serait-ce qu'au niveau du coût du plan média. Internet facilite également la sélection et la gestion des candidatures grâce aux fameux mots-clés qui facilitent la présélection des dossiers, et aux espaces de suivi proposés par la plupart des sites dédiés. Le Web offre enfin des bases de données de CV très riches et bien actualisées, et des méthodes d'investigation jusqu'alors inédites.

Revers de la médaille, pour répondre à un phénomène de candidatures de masse, le candidat à l'emploi est soumis à l'impitoyable *scoring* par mots-clés qui rend difficile toute approche avec un profil qui « sort du cadre » établi. L'exacte conformité aux critères prédéfinis par le recruteur devient la règle, au risque même d'appauvrir le recrutement.

Ce même candidat doit alors redoubler d'effort et de persévérance en commençant par développer sa visibilité sur les médias sociaux. Son absence sur la Toile serait en elle-même un message directement interprété par les recruteurs potentiels. Il pourrait alors être perçu comme « peu curieux, hermétique aux évolutions technologiques, passéiste… ».

Et puisqu'il a « pignon sur rue » il doit exprimer un positionnement proactif, authentique et attractif. Il s'agit alors pour lui de prendre conscience du pouvoir de sa marque personnelle qui selon le cas saura convaincre, rassurer mais aussi séduire le recruteur. Nous quittons la posture de recherche d'un métier pour aller vers celle de l'offre de services, et plus encore vers l'expression même de sa motivation à porter cette offre sur le marché. L'exercice est loin d'être simple car il s'agit alors de développer un véritable marketing professionnel qui ne peut s'affranchir des conseils d'un spécialiste. Trop souvent, l'amateurisme engendre des propos pauvres, inappropriés ou pire encore, un afflux de contenus qui tuent la pertinence d'un positionnement. Le même phénomène est observé en marketing viral avec l'augmentation des spams en e-mailing. Concluons que cette nouvelle approche du marché ne souffre pas l'amateurisme.

Coach, psychologue, expert métier/secteur, le consultant en outplacement enrichit sa palette d'expertise d'une parfaite connaissance des fondamentaux du marketing stratégique et opérationnel en parallèle, une excellente maîtrise des technologies dites « digitales ». Expert en gestion de carrière, son offre de service s'ouvre largement aux professionnels en poste puisque de fait, elle s'enrichit nécessairement de prestations de *personal Branding* qu'il convient d'aborder avec le même sérieux et la même rigueur que les bilans de compétences, sans céder aux sirènes de la facilité, et en y consacrant le temps nécessaire.

Accompagner le candidat en tenant compte de sa personnalité et de son marché cible, favoriser l'émergence et l'expression de sa « vision professionnelle », le sécuriser dans son approche et son utilisation du Web, le protéger des dangers d'un *bad buzz*, et ainsi contribuer à parfaire son e-réputation, font pleinement partie des nouvelles responsabilités des cabinets spécialisés.

Précisons également qu'à l'heure du numérique, rechercher un emploi depuis le clavier de son ordinateur et souvent de chez soi, est potentiellement facteur d'isolement. Or la solitude en temps de recherche d'emploi est particulièrement néfaste. Plus que jamais, les locaux d'un cabinet d'*outplacement* se justifient car ils favorisent des rencontres entre candidats, des partages d'informations, d'expériences, d'infortune parfois, et de réseaux systématiquement.

Autres professionnels directement impactés par la révolution numérique, les chasseurs de têtes. Ces derniers doivent-ils se réinventer ? Entre un *sourcing* mis à la portée de tous, des références qui s'affichent et l'évaluation des candidats qui s'apprécie de plus en plus par leurs contributions sur le Net… Comment le chasseur va-t-il dorénavant chasser, et quelle plus-value proposera-t-il au recruteur ? Au-delà même d'un savoir-faire que l'on aurait tort de sous-estimer, la réponse viendra probablement de sa capacité à mettre son expertise du WEB au service de ses clients en leur proposant des solutions innovantes et qualitatives. Des réseaux collaboratifs réservés ? Des espaces recruteurs avec une offre de services élargie et haut de gamme ? Des applications interactives ?… Les idées peuvent fuser ! Laissons faire les professionnels concernés ; ils sont nombreux à redoubler d'imagination et d'initiatives sur le sujet !

Les *jobboards* font toujours la course en tête et s'intéressent pour la plupart aux réseaux socioprofessionnels en développant des partenariats qui laisseront à chacun son rôle et sa spécificité.

Ces mêmes réseaux socioprofessionnels n'ont pas pu s'empêcher de céder aux sirènes des offres d'emploi quitte à élargir leur fonction première de mise en relation.

Les institutionnels ne sont pas en reste et l'on peut apprécier l'existence du département Innovation au sein de Pôle Emploi.

La révolution numérique est en marche !

Quant aux entreprises, elles ont entamé leur mue 2.0 dans le prolongement de leurs sites Internet « plaquettes », et s'aventurent sur les réseaux socioprofessionnels parce qu'il faut y être pour nombre d'entre elles, et dans le cadre d'une stratégie élaborée pour les plus averties.

Peu d'entre elles boudent le concept de marque employeur, même si certaines n'en ont pas encore saisi les différentes composantes, voire toute la portée. Pour faire vivre une « expérience collaborateur » positive à leurs publics tout au long du cycle de la relation qu'elles entretiennent avec eux, elles pourraient concevoir de véritables CRM des ressources humaines. Le défi est quasi culturel puisqu'au-delà d'une communication de proximité avec chaque collaborateur, cela supposerait idéalement à titre d'exemple, de répondre de façon personnalisée à chaque candidature non retenue, et plus encore de poursuivre une relation privilégiée avec un ancien salarié après une démission ou un licenciement, et même au temps de la retraite ! *Newsletter*, réductions spéciales, réseaux dédiés…

L'Internet collaboratif rend l'entreprise visible au jour le jour. La « part de voix » de l'employé, de l'ancien collaborateur, du client, du fournisseur a un impact direct sur sa communication. Les discours et valeurs portés haut et fier par les états-majors sont mis à l'épreuve de la réalité quotidienne. La transparence voulue par Internet impose l'excellence ! Tout cela n'éclipse en rien les évolutions organisationnelles et managériales qu'il faut réinventer.

C'est cela la révolution numérique, et ce n'est que le début !

Annexes

Le processus « d'éclosion de la marque personnelle », une démarche en trois étapes

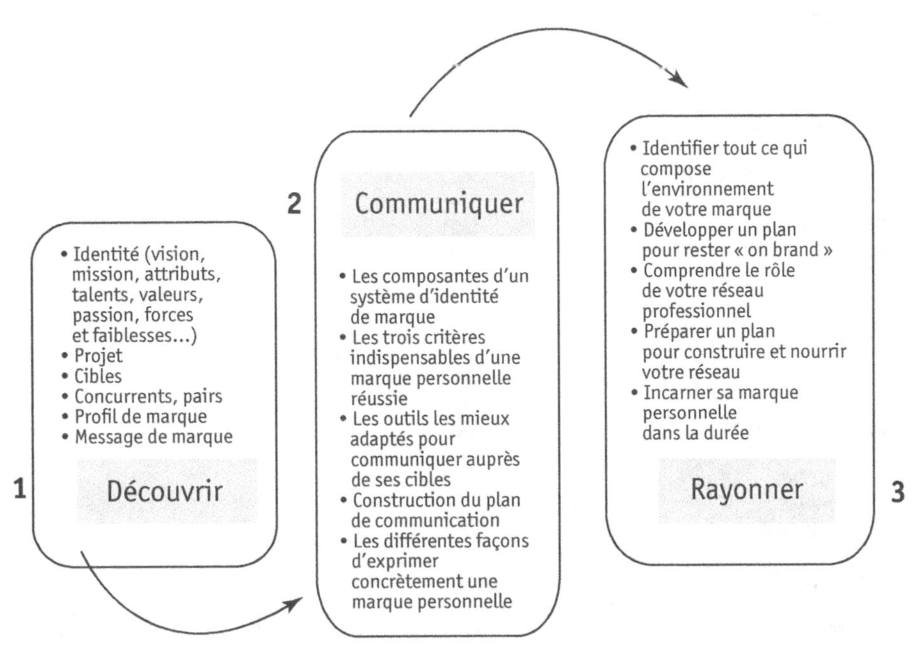

D'après la méthode Reach 1-2-3 Sucess ! créée en 2001 par William Arruda.

Les *jobboards* généralistes

Adresse du site	OE	Dépôt CV	Rédactionnel, actus, info
www.123-emploi.com	Oui	Non	Oui
www.1jobforyou.com	Oui	Oui	Oui
www.actujob.com	Oui	Oui	Oui
www.annoncesemploi.org	Oui	Oui	Oui
www.pole-emploi.fr	Oui	Oui	Oui
www.apec.fr	Oui	Oui	Oui
www.cadremploi.fr	Oui	Oui	Oui
www.cadresonline.com	Oui	Oui	Oui
www.centraljob.fr	Oui	Oui	Non
www.cerivjob.com	Oui	Oui	Non
www.clemajob.fr	Oui	Oui	Non
www.coffeejob.com	Oui	Oui	Non
www.contact-emploi.com	Oui	Oui	Oui
www.cooptin.com	Oui	Non	Non
www.cv.com	Oui	Oui	Oui
www.directemploi.com	Oui	Oui	Oui
www.easy-cv.com	Oui	Oui	Non
www.embauche.com	Oui	Oui	Oui
www.emploi.com	Oui	Oui	Oui
www.handi-cv.com	Oui	Oui	Oui
www.hanploi.com	Oui	Oui	Oui
www.jobs.fr	Oui	Oui	Oui
www.jobtech.fr	Oui	Oui	Oui
www.journaldunet.com	Oui	Oui	Oui
www.keljob.com	Oui	Oui	Oui
www.lemarchedutravail.fr	Oui	Oui	Oui
www.mobiljob.com	Oui	Oui	Oui
www.monster.fr	Oui	Oui	Oui
www.obs-emploi.com	Oui	Oui	Non

…/…

Adresse du site	OE	Dépôt CV	Rédactionnel, actus, info
www.officiel-interim.com	Oui	Oui	Oui
www.optioncarriere.com	Oui	Non	Non
www.recrut.com	Oui	Oui	Oui
www.sourcea.fr	Oui	Oui	Oui
www.talentpeople.net	Oui	Oui	Oui
www.talents.fr	Oui	Oui	Oui
www.vivastreet.fr	Oui	Non	Non

Les *jobboards* spécialisés, liste non exhaustive

■ Aéronautique, transports, défense, automobile

Spécialisations	Adresse du site	OE	Dépôt CV	Rédactionnel, actus, info
Aéronautique	*www.aerocontact.com*	Oui	Oui	Oui
Aéronautique	*www.aeroemploiformation.com*	Oui	Oui	Oui
CAO emplois	*www.cao-emplois.com*	Oui	Oui	Oui
Maritime	*www.clic-and-sea.com*	Oui	Oui	Oui
Transport, logistique	*www.jobtransport.com*	Oui	Oui	Oui
Auto-écoles	*www.lepermis.com*	Oui	Oui	Oui

■ Architecture, BTP, immobilier, construction, travaux publics

Spécialisations	Adresse du site	OE	Dépôt CV	Rédactionnel, actus, info
Architecte	*www.cyberarchi.com*	Oui	Oui (+ alertes)	Oui
Bâtiment	*www.cyberbtp.com*	Oui	Oui (+alertes)	Oui
BTP Immo	*www.lemoniteur-emploi.com*	Oui	Oui (+ alertes)	Oui

■ Banque, finance, comptabilité, assurance

Spécialisations	Adresse du site	OE	Dépôt CV	Rédactionnel, actus, info
Assurances	*www.emploi-assurance.com*	Oui	Oui	Oui
Banques, assurances, comptabilités	*www.efinancialcareers.fr*	Oui	Oui (+ alertes)	Oui
Finance	*www.finance-emploi.com*	Oui	Oui	Non
Finance	*www.jobfinance.com*	Oui	Oui	Oui

■ Marketing, commerce, vente

Spécialisations	Adresse du site	OE	Dépôt CV	Rédactionnel, actus, info
Commerciaux	*www.commerciaux.fr*	Oui	Oui	Oui
Commerciaux	*www.erecrut.com*	Oui	Oui (+ alertes)	Oui
Commerciaux	*www.forcecommerciale.com*	Oui	Non	Non
Commerce, marketing	*www. Jobmarketingvente.com*	Oui	Oui	Oui
Commerce, vente	*www.jobvente.com*	Oui	Oui	Oui

■ Environnement, agriculture, agroalimentaire

Spécialisations	Adresse du site	OE	Dépôt CV	Rédactionnel, actus, info
Environnement, agriculture, agroalimentaire	*www.agrojob.com*	Oui	Oui	Non
Environnement, agriculture, agroalimentaire	*www.apecita.com*	Oui	Oui (+ alertes)	Oui
Environnement	*www.emploi-environnement.com*	Oui	Non	Oui
Filière du vin	*www.vitisphère.com* et *www. vitijob.com*	Oui	Oui	Oui

■ Étudiants, jeunes diplômés

Spécialisations	Adresse du site	OE	Dépôt de CV	Rédactionnel, actus, info
Jeunes et étudiants	*www.afij.org*	Oui	Oui	Oui
Bac + 5	*www.bacpluscinq.com*	Oui	Oui	Oui
Bac + 2	*www.bacplusdeux.com*	Oui	Oui	Oui
Jeunes et étudiants	*www.capcampus.com*	Oui	Oui	Oui
Direct Étudiant	*www.directetudiant.com*	Oui	Oui	Oui
Stage étudiants	*www.en-stage.com*	Oui	Oui	Oui
Jeunes diplômés	*www.f1rstemploi.com*	Oui	Oui	Oui
Premier emploi et stage jeunes diplômés	*www.iquesta.com*	Oui	Oui	Oui
Stages jeunes diplômés	*www.kapstages.fr*	Oui	Oui	Oui
Apprentissage	*www.lapprenti.com*	Non	Non	Oui
Étudiants, stages et emplois	*www.letudiant.fr*	Oui	Oui	Oui
Stages Ouest pour étudiants	*www.stagesouest.com*	Oui	Oui	Oui
Stages et emplois étudiants	*www.studyrama.com*	Oui	Oui	Oui

■ Handicap

Spécialisations	Adresse du site	OE	Dépôt de CV	Rédactionnel, actus, info
Emploi et Handicap	*www.agefiph.com*	Oui	Oui	Oui
Emploi et Handicap	*www.hanploi.fr*	Oui	Oui	Oui
Mission Emploi et Handicap	*www.missionhandicap.com*	Oui	Oui	Oui

■ Hôtellerie, restauration, tourisme, sport

Spécialisations	Adresse du site	OE	Dépôt de CV	Rédactionnel, actus, info
Emploi animation	*www.animjobs.com*	Oui	Oui	Oui
Emploi hôtellerie et tourisme	*www.emploi.e-hotellerie.com*	Oui	Oui	Oui
Emploi hôtellerie, restauration, tourisme	*www.emploitourisme.com*	Oui	Oui	Oui

.../...

Spécialisations	Adresse du site	OE	Dépôt de CV	Rédactionnel, actus, info
Emploi hôtellerie et restauration	*www.pole-chr.com*	Oui	Oui	Non
Tourisme, loisirs, sport, hôtellerie, restauration	*www.recrutour.fr*	Oui	Oui	Oui
Métiers du sport	*www.sportcarriere.com*	Oui	Oui	Oui

■ Industrie, matières premières, énergie

Spécialisations	Adresse du site	OE	Dépôt de CV	Rédactionnel, actus, info
Industrie	*www.emploi.usinenouvelle.com*	Oui	Oui	Oui
Emploi environnement (énergies, nucléaire, etc.)	*www.emploi-environnement.gouv*	Oui	Oui	Oui
Emploi industrie du pétrole	*www.euro-petrole.com*	Oui	Oui	Oui
Emploi missions et stages du gaz	*www.gaz.enligne-fr.com*	Oui	Oui	Oui
Emploi ingénieur industrie	*www.ingenieur-emplois.com*	Oui	Oui	Oui

■ Informatique, télécommunications, multimédia

Spécialisations	Adresse du site	OE	Dépôt de CV	Rédactionnel, actus, info
Emploi électronique	*www.abcelectronique.com*	Oui	Oui	Oui
Emploi multimédia, Internet, audiovisuel numérique	*www.bale.fr*	Oui	Non	Non
Emploi PHP	*www.emploi-communaute-php.com*	Oui	Oui	Non
Emploi progiciel de gestion intégré et le CRM, BI, SCM, GPAO, GRH	*www.erprecrut.com*	Oui	Oui	Oui
Emploi informatique	*www.jrecrut.fr*	Oui	Oui	Oui

…/…

Spécialisations	Adresse du site	OE	Dépôt de CV	Rédactionnel, actus, info
Emploi informatique, nouvelles technologies	*www.jobinstinct.com*	Oui	Oui	Non
Emploi freelance Informatique	*www.jobfreelance.com*	Oui	Oui	Oui
Emploi informatique	*www.jobntic.com*	Oui	Oui	Oui
Emploi informatique	*www.lesjeudis.com*	Oui	Oui	Oui
Emploi spécialisé logiciels libres	*www.lolix.org*	Oui	Oui	Oui
Emploi professionnel technologies Microsoft	*www.msemploy.fr*	Oui	Oui	Oui
Technologies PHP	*www.phpindex.com*	Oui	Non	Oui
Informatique, micro-électronique, réseaux/ télécom	*www.reseau-emploi.com*	Oui	Oui	Oui
Métiers high-tech	*www.remixjob.fr*	Oui	Non	Non (blog)
Emploi high-tech	*www.webcible.com*	Oui	Non	Non

■ Juridique, ressources humaines

Spécialisations	Adresse du site	OE	Dépôt de CV	Rédactionnel, actus, info
Emploi ressources humaines	*www.emploi-rh.com*	Oui	Oui	Oui
Infos carrière RH	*www.focusrh.com*	Oui	Oui	Oui
Emploi juridique	*www.juri-source.com*	Oui	Oui	Oui
Emploi métiers du recrutement	*www.recruteurs.biz*	Oui	Oui	Oui
Emploi juridique et fiscal	*www.recrulex.com*	Oui	Oui	Oui
Fonctions RH et formations	*www.rhjob.com*	Oui	Oui	Oui
Communauté métiers du droit	*www.village-justice.com*	Oui	Oui	Oui
Emploi et infos fonctions RH	*www.wk-rh.fr*	Oui	Non	Oui

■ Mode, luxe, cosmétique, beauté

Spécialisations	Adresse du site	OE	Dépôt de CV	Rédactionnel, actus, info
Mode, beauté, décoration	*www.BeThe1.com*	Oui	Oui	Oui
Portail des professionnels du luxe	*www.abc-luxe.com*	Oui	Oui	Oui
Emploi, industrie, cosmétique	*www.cosmejob.com*	Oui	Oui	Oui
Emploi professionnels de la mode	*www.fashionjob.fr*	Oui	Oui	Oui
Emploi professionnels du luxe	*www.joblux.fr*	Oui	Oui	Oui
Emploi, mode et textile	*www.emploi-textile.com*	Oui	Oui	Non

■ Régions

Spécialisations	Adresse du site	OE	Dépôt de CV	Rédactionnel, actus, info
Bourgogne, Franche-Comté, Alsace	*www.BFCjob.com*	Oui	Oui	Oui
Bourgogne (Côte d'Or, Saône-et-Loire)	*www.bourgogne-emploi.com*	Oui	Oui	Oui
Bretagne	*www.bretagne-emploi.org*	Non	Non	Oui
Région Centre	*www.centremploi.com*	Oui	Oui	Oui
Tous profils toutes régions	*www.cmaregion.com*	Oui	Non	Non
Corse	*www.corsicajob.com*	Oui	Oui	Oui
Alsace	*www.dna.emploi.net*	Oui	Oui	Oui
DOM-TOM	*www.domemploi.com*	Oui	Oui	Oui
DOM-TOM	*www.domtomjob.com*	Oui	Oui	Oui
Languedoc-Roussillon	*www.emploi-lr.com*	Oui	Oui	Oui
Monaco	*www.emploi-monaco.com*	Oui	Oui	Oui
Tous profils toutes régions	*www.regionsjob.fr*	Oui	Oui	Oui
Hérault, Aude, Aveyron, Gard, Lozère, Pyrénées-Orientales	*www.jobdumidi.com*	Oui	Non	Oui
Lyon, Marseille, Montpellier, Toulouse	*www.journaldelemploi.com*	Oui	Oui	Oui
Nord-Pas-de-Calais	*www.L4M.fr*	Oui	Oui	Oui
Sud-Ouest	*www.ladepeche-emploi.com*	Oui	Oui	Oui

.../...

Les réseaux en ligne spécialisés

(Liste non exhaustive. *Source : www.eclairemalanterne.com.*)

Agrilink – *http://www.agrilink.fr*

« Le premier réseau communautaire du monde agricole. »

Alsace. Biz – *http://www.alsace.biz/socialdna/auth/login*

« Le Réseau social professionnel des Alsaciens. »

Auto-entrepreneurs – *http://www.profils-auto-entrepreneurs.com*

« Accélérez le développement de votre activité d'auto-entrepreneur. Un outil simple et indispensable pour augmenter votre chiffre d'affaires. »

Auwwwergne 2.0 – *http://auwwwergne.com*

Il s'agit d'avantage d'un portail d'infos sur l'Auvergne, mais la plateforme propose la possibilité de créer un profil et/ou de lancer un blog.

Banquio – *http://banquio.com/*

« Notre ambition est d'être le réseau social professionnel sectoriel de référence pour les personnes travaillant ou souhaitant travailler dans la banque en France. »

Batiactu réseau – *http://reseau.batiactu.com*

« Le premier Réseau professionnel de la construction, du BTP et de l'Immobilier. »

BtoB Immobilier – *http://www.btobimmobilier.net*

« Réseau relationnel BtoB immobilier. »

Behance – *http://www.behance.net*

« Pour exposer et découvrir des travaux de création ». Un réseau social dans le digital (en anglais) à la mode Pinterest.

BiTWiiN – *http://www.bitwiin.com*

« Recrutez des profils seniors expérimentés ».

Busibook – *http://www.busibook.fr*

Le réseau social des managers du département des Bouches-du-Rhône.

Cocoonhome – *http://www.coocoonhome.com*

« Réseau social immobilier. »

Côte d'Azur Ecobiz (N) (3 ; 3) – *http://www.cote-azur-ecobiz.fr*

« Le Réseau des acteurs économiques de la Côte d'Azur. »

Ddnetwork – *http://ddnetwork.fr*

Le Réseau français des acteurs du développement durable.

Digikaa – *http://www.digikaa.com*

« Vous êtes un professionnel du digital. Le réseau social Digikaa est fait pour vous. »

Docatus – *http://www.docatus.com*

« Le premier site collaboratif réservé au corps médical. »

Dogfinance – *http://www.dogfinance.com/fr/*

« Le premier réseau en gestion et finance. »

Dribbble – *http://dribbble.com/*

« Sur quoi êtes-vous en train de travailler en ce moment ? » Réseau sur invitation, permettant aux Designers et aux graphistes d'exposer leurs travaux en cours (WIP), et d'avoir le retour des professionnels.

Ecovibio – *http://www.ecovibio.com/*

« Le premier Réseau social dédié à l'éco-habitat. »

Eligue – *http://www.eligue.fr/*

« Réseau d'entreprises en Alsace-Lorraine. »

Entrepreneur – *http://www.entrepreneur.fr*

« Le premier réseau exclusivement réservé aux entrepreneurs. »

EnviMotion – *http://www.envimotion.com*

« Le réseau social dédié aux acteurs du développement durable. »

Esanum – *http://www.esanum.fr*

Exclusivement réservé aux médecins français.

Expatunited – *http://www.expatunited.com/*
Be expat, be united.

Expeert – *http://expeert.com/fr*

« Partager votre expertise. » Principe comparable à celui de Muxi.

Expert Public – *http://www.expertpublic.fr*

« Le Réseau social professionnel des territoires et des collectivités territoriales ».

FourSquare – *https://fr.foursquare.com/about/new*

Pour découvrir ce qui se trouve à proximité, et y retrouver des contacts.

Freelance SN – *http://www.freelance-sn.com*

« Le Réseau social des freelance. »

Geeklist – *http://geekli.st/beta*

« Une plateforme pour que les geeks (développeurs informatiques) puissent partager ce qu'ils ont fait, avec qui ils l'ont fait, et qu'ils puissent se connecter avec les grandes firmes et autres communautés. »

Entrepreneur d'avenir – *http://www.entrepreneursdavenir.com/*

Le réseau social des entrepreneurs d'avenir.

Jobgo – *http://www.jobgo.com*

Site pour l'emploi, lancé en Suisse en décembre 2011.

Kasavox – *http://www.kasavox.com*

« Le premier réseau social de l'habitat. »

Koolyss – *http://www.koolyss.com*

« Le réseau social du spectacle vivant. »

Linkeol – *http://www.linkeol.fr (version Bêta)*

Plateforme destinée à rompre l'isolement du chef d'entreprise, et à conseiller les créateurs.

Luxury Society – *http://luxurysociety.com*

« Connecter, informer et inspirer les professionnels du Luxe, parmi les leaders mondiaux. »

Many Mucho – *http://www.manymucho.com*

Le réseau de grossistes et détaillants indépendants dans le domaine de la mode.

Medext – *http://www.medext.com*

Dédié aux professionnels francophones de la santé.

Medeclic – *http://www.medeclic.fr*

Réseau médical collaboratif réservé aux médecins.

Mupiz – *http://www.mupiz.com*

« Le Réseau social dédié aux musiciens. »

Ning – *http://fr.ning.com/*

Pour les créateurs de sites Web sociaux.

Over Coffee – *http://over-coffee.com/*

Réseau assez futile qui n'a d'autre prétention que de « réunir » les gens autour du thème de la tasse de café prise en commun…

Pacioli – *http://www.pacioli.fr*

« La profession comptable tisse sa Toile. »

Planète attitude – *http://www.planete-attitude.fr*

« Lieu d'échange, de débats et de mobilisation autour des questions de préservation de l'environnement. »

Research Gate – *http://www.researchgate.net*

« Pour les scientifiques. » Réseau destiné aux chercheurs.

Réseau social immobilier – *http://www.reseau-social-immobilier.com*

« Une plateforme 100 % immobilier. »

Rezotour – *http://www.rezotour.com*

« Réseau pro du secteur tourisme-loisirs-culture. »

Santé Connect – *http://santeconnect.com*

« Plateforme communautaire des métiers de la santé, pour professionnels et étudiants. »

Smartpanda – *http://www.smartpanda-network.com*

« Le premier réseau social pensé pour l'entreprise. Notre ambition : offrir en un seul endroit des réponses simples à tous les besoins des entrepreneurs et devenir le bureau virtuel de tous les salariés. »

Social Planet – *http://www.social-planet.org*

« Le Réseau social de l'initiative sociale et solidaire en Europe. »

Suplinks – *http://www.suplinks.com*

« *Market place* des professionnels de la finance. »

Sustain at work – *http://sustainatwork.fr*

La communauté des professionnels responsables.

Talent Pharmacie – *http://talentpharmacie.fr/*

« Le premier réseau social du secteur pharmaceutique. »

Tokkoro – *http://www.tokkoro.com*

« Pour un emploi qui vous ressemble. »

Triberr – *http://triberr.com/*

« Pour aider la communauté des bloggeurs à générer du trafic et à être plus efficaces. »

Tribu du Web – *http://www.tribuduWeb.com/*

« Le réseau des professionnels du Web en Wallonie et Nord-Pas-de-Calais. »

Ulyce – **http://www.ulyce.com**

« Développez votre réseau local » (partout en France).

Vox-Avocats – *http://voxavocats.com*

« Le réseau social dédié aux avocats. »

Whozimmo – *http://www.whozimmo.com*

« La nouvelle scène de l'immobilier professionnel. »

Wizbii – *http://www.wizbii.com*

« Étudiants et jeunes diplômés, faites décoller votre avenir. » Dédié au départ aux jeunes entrepreneurs, Wizbii s'est élargi aux jeunes en général, ce qui en fait un concurrent direct de Yupeek.

Worker – *http://www.worker.fr*

« Le réseau social professionnel 100 % emploi », pour les non-cadres.

Worketer – *http://worketer.com*

« Le réseau de recrutement des nouvelles technologies ».

Yupeek – *http://www.yupeek.com*

« Le réseau social professionnel des étudiants et jeunes diplômés. La chasse est ouverte, devenez la cible des recruteurs ». Yupeek pour les pros en 1 minute.

Liste de comptes twittos @ suivre dans le cadre d'une mobilité professionnelle

(Liste non exhaustive.)

■ Institutions

- Apec : @apec
- Ministère du Travail : @Minist_Travail
- Pole emploi : @pole_emploi

■ Cabinets de recrutements et Intérim

- Altaide : @Altaide_JF
- Adecco France : @AdeccoFrance
- Elaee :@elaee
- Emeraude RH : @emerauderh
- Expectra : @expectra_emploi
- Experts Recrutement : @ExpertsRecrute
- Hays France : @Hays_France
- Manpower France : @ManpowerGroupFR
- Michael Page : @michaelpagefr
- Pac Recrutement : @pac_recrutement
- Page Personelle :@PagePersonnel
- Randstad France : @randstad_france
- RHIzome : @RH_izome
- Stepstone : @stepstone
- Talenteo : @talenteo

■ Jobboards

- Cadresonline : @cadresonline
- Candidats-online : @Candidat_Online
- Career Builder : @CareerBuilderRH
- Ditwin Emploi : @DitwinEmploi

- Elogik : @elogik (recrutements ingénieurs)
- Emploi city (étudiants) : @emploicity
- Emploi du digital : @EmploiDigital
- Indeed : @indeed
- JobIngenieur : @jobingenieur
- Keljob : @keljob
- Les emplois du Net : @emploidunet
- LesJeudis : @LesJeudis
- Monster : @monstercareers
- Region job : @regionsjob
- RemixJobs : @remixjobs
- Rue de l'emploi : @RueDelEmploi
- Twitjob : @twitjobf

Éditorial RH

- Courriercadres : @courriercadres
- Emploi Industrie : @EmploiIndustrie
- ExclusifRH : @exclusifrh
- Focus RH : @focusrh
- Id-Carrières : @idcarrières
- Journal des réseaux :@_le_fil_
- Les Échos emploi : @LesEchosEmploi
- ParlonsRH : @parlonsRH site Web
- Ze village : @zevillage

Moteur de diffusion offres d'emploi sur Twitter

- Twittemploi (non affilié à twitter) : @twittemploi
- Annuaire RH : @AnnuaireRH

Des experts « conseils carrière 2.0 » incontournables

- Jean-Christophe Anna : @jchristopheanna
- Laurent Brouat : @LaurentBrouat

- Thierry Delorme : @Thierry_Delorme
- Pierre Denier : @PierreDenier
- Franck Lapinta : @flapinta
- Jacques Froissant : @Altaide_JF
- Frédéric Lesaulnier : @FredleSaulnier
- Anthony Poncier : @aponcier
- Olivier Zara : @olivierzara

Les auteurs de ce livre

- Patrice de Broissia : @Pdebroissia
- Laëtitia Ferrer : @L3FERRER

www.ingramcontent.com/pod-product-compliance
Lightning Source LLC
LaVergne TN
LVHW060210060726
842527LV00012B/3045